SHODENSHA
SHINSHO

勝ち続ける理由

原　晋

祥伝社新書

はじめに――青学はなぜ連覇を果たしたのか

「ちょっと、待って。エントリー表を書き換えるから」

私は、エントリー表を登録するために本部へと向かうマネージャーを引きとめた。年が明けた正月2日に開催される第92回東京箱根《はこね》間往復大学駅伝競走（以下、箱根駅伝）が差し迫《せま》った、2015年末の12月29日朝のことである。

実は、調子を崩して半《なか》ば起用をあきらめかけていたエースの久保田和真《くぼたかずま》（当時4年）の朝の走りを見て、直感したのだ。

「これは、イケるぞ！」

箱根駅伝は毎年正月2日と3日の2日間、東京・千代田区大手町《おおてまち》から神奈川県箱根町までの往復217・1キロを、各大学10人の選手が襷《たすき》をリレーして走る駅伝競走だ。正月恒例のビッグイベントで、沿道には100万人単位のファンが繰《く》り出して選手たちに声援を送る。

2016年正月の箱根駅伝で、青山《あおやま》学院大学陸上競技部・長距離ブロック（以下、青学陸上部《あおがく》）は前年の初優勝に続く連覇を達成した。

土壇場《どたんば》で起用を決めた久保田が区間賞でMVPに選ばれる快走をして1区でトップに躍《おど》り出ると、そのまま10区までトップで独走。39年ぶりの完全優勝を成し遂《と》げるオマケまで付いた。

私はこの年の箱根駅伝に臨《のぞ》む青学チームのキャッチフレーズを「ハッピー大作戦」と名付けたが、まさにハッピー指数３００パーセントの快挙であった。

青学はなぜ箱根駅伝で連覇を果たしたのか。

一言でいえば、監督就任から12年間におよぶ組織づくりが実り、チームが組織として成熟したからである。

具体的には、スカウトで青学らしい明るく元気な強い選手を獲得できるようになり、神野大地《かみのだいち》や久保田和真ら、学生史上最強チームと言われる選手を揃《そろ》えることができた。また、年間の目標とトレーニングの計画が練《ね》り上げられ、箱根駅伝にチーム力のピークを持ってくることができたことも大きい。

さらに言えば、私が妻とともに寮に住み込んで部員たちと生活をともにしていることで、選手たちの微妙な調子の変化に気付くことができるのも青学の強みになっている。冒頭に紹介した久保田の起用は、他大学の監督では難しかったかもしれない。
だから、勝つべくして勝ったのだ。今の青学なら、私がいなくても勝てるだろう。
しかし、そうは言っても、勝ち続けるのは容易なことではない。本書を読んでいただければわかるように、最強だった神野らのチームですら、実際にはたくさんのトラブルを乗り越えてきている。また、10人が襷のリレーを行なう箱根駅伝では、９人が快走してもひとりが失速したら脱落するのは当然のことだ。

本書では、初優勝から連覇までの道のりを振り返り、勝ち続ける理由や勝ち続ける組織の秘密について私なりに考え、感じたことを述べてみたい。

また、連覇後に行なわれた２０１６年2月28日の東京マラソンでは、下田《しもだ》裕太《ゆうた》（当時2年）が日本勢2位、一色恭志《いっしきただし》（当時3年）が日本勢3位の快走を見せ、リオデジャネイロオリンピック日本代表の選考対象に食い込んだ。

青学勢はこれから２０２０年の東京オリンピック出場にチャレンジするが、マラソンや長距離で日本選手がメダルを取るためには、日本の陸上界全体の変革が必要である。私なりに考えた日本マラソン復活のシナリオについても最後に触れたいと思う。

二〇一六年一一月

青山学院大学陸上競技部監督　原《はら》　晋《すすむ》

目次

撮影／津田聡

第1章　初優勝からの日々

今度は君たちがヒーローになれ

青学陸上部は、2015年正月の第91回箱根駅伝で初優勝を遂げた。これは青学陸上部が創部して以来、初めての快挙であり、私が監督に就任して11年目の栄光であった。私は大手町のゴールで部員たちに胴上げされ、都心の空を舞ったのである。

2014年春にスタートした新チームは、いく通りもの区間配置ができるほど戦力が充実していたので、秋の駅伝シーズンに入った頃から、これは箱根駅伝も行けるのではないかというムードが高まった。

とくに注目を集めたのは5区を走った新・山の神の神野大地（当時3年）だったが、神野だけでなく陸上部全体がワクワク感に満ち、私が命名した「ワクワク大作戦」というスローガンもすんなりと出てきたものだ。

正直言って、2014年の青学チームを引っ張った藤川《ふじかわ》拓也《たくや》をキャプテンとする2011年4月入学の4年生は、選手のスカウトでは競《せ》り負けた代であった。私が欲しかった5人ほどの人材は、みな明治大学に持っていかれてしまっていた。

青学は2009年正月の箱根駅伝に33年ぶりに出場を果たしたものの、この年は最下位だった。藤川の学年が高校2年だった2010年に8位、高校3年だった2011年に9位とまだ強豪校にも入っていなかった。藤川が入学する頃、青学はまだ明治の後塵《こうじん》を拝していたのである。

だから、明治とスカウトでバッティングした場合には、10人中9人が明治を選択した。一言でいえば、メチャ負けである。

それが、2012年に入学した神野たちの代から流れが変わり、同学年トップクラスのランナーたちがスカウトで青学に来るようになった。当初は、神野や久保田和真、小椋裕介《おぐらゆうすけ》らが4年になる2016年の箱根駅伝で優勝を狙《ねら》う計画だったが、結果から言えば嬉《うれ》しい誤算が生じたのである。

藤川ら4年生は高校時代、同学年トップクラスのランナーではなかったが、青学の組織のなかで鍛《きた》えられることによって飛躍的な成長を遂げた。その結果、藤川たちの頑張りのもと、神野や久保田らがのびのびと走り、力を伸ばすことができた。それが、2015年の初優勝につながったのである。

だから、初優勝後、最初のミーティングで、私が4年生に対して「君たちを採《と》ってよかった」と素直な気持ちを述べると、藤川は涙を流して喜んでいたのを鮮明《せんめい》に覚えている。

また、このミーティングでは、次のような趣旨の話もした。

「今回の優勝は、私が監督として11年間かけて培《つちか》ってきたことが結果につながった。同じメンバーだったとしても11年前に優勝できたかというとそれは違うと思う。この11年間の歴史のなかで組織ができ上がり、そこに君たちみたいな選手が入ってくれたから花開いたのだ。だから、そのご褒美《ほうび》として優勝監督である私がテレビや講演に呼ばれて脚光《きやっこう》を浴びるのも、ある意味で仕方がない部分があるんだよ。しかし、これからは違う。君たち自身がヒーローになれ。来年の箱根駅伝2連覇に向けて存分に活躍してほしい」

人間はヒーローとして賞讃《しょうさん》されたら、より一層張り切って頑張る生き物だ。「優勝の喜びをもう一度味わいたい」「次も負けたくない」という選手たちの気持ちを鼓舞《こぶ》するために、私はこういう挨拶《あいさつ》をしたのであった。

楽しみな3年後の初優勝効果

初優勝を飾ってからは、青学フィーバーとでも言うべき事態になり、私も選手たちもしばらくの間、テレビ番組への出演や新聞・雑誌のインタビューなどに忙殺《ぼうさつ》されることになった。

本の出版オファーも、40社ぐらいの出版社から殺到した。ほとんどは断わったが、いくら断わっても食らいついてくるスッポンのような編集者たちに根負けして『魔法をかける アオガク「箱根駅伝」制覇までの4000日』（講談社）、『逆転のメソッド 箱根駅伝もビジネスも一緒です』（祥伝社）、『フツーの会社員だった僕が、青山学院大学を箱根駅伝優勝に導いた47の言葉』（アスコム）などを刊行することになった。お陰《かげ》さまで多くのファンに支えられ、どの本もベストセラーになった。この場を借りて、編集に携わっていただいた多くの関係者の皆さまをはじめ読者の皆さまに御礼を申し上げたいと思う。

陸上競技のなかでも、駅伝やマラソンを将来やってみたいと思うのは中学生の頃が多い。だから、青学の初優勝をテレビ中継で見て、「青学の選手として箱根駅伝に出たい」と思う中学生が入部してくるのは早くても3年後の2018年以後だ。

ただ、箱根駅伝に出たいからといって中学時代から陸上部に入る必要はない。サッカー部や野球部などで活躍して、足が速いことを理由に地域の中学対抗駅伝に駆り出され、その才能を見出されて高校で本格的に陸上を始めるといったプロセスで構わないと思う。たとえば、サッカーの場合、ただ走るだけではなくドリブルしたりダッシュしたりするので、いろいろな動きのバランスがよくなるというメリットがある。

また、私や選手たちが出演したバラエティ番組を見て、原ファン、青学ファンになった父母も多く、子どもたちが青学に入るのを後押ししてくれるだろう。

だから、3年後以後に期待できる初優勝効果が今から楽しみである。

バッシングには怯《ひる》まない

このように初優勝後も休む暇もない状態が続いたが、想定外だったのはさまざまなインターネット上の媒体などを通して「タレント気どりしやがって」とか「テレビ、出過ぎじゃね」とかいった、やっかみの書き込みが噴出《ふんしゅつ》したことだ。

なかには、私に直接、面と向かって「おまえ、最近、テレビ出過ぎだろう」という同業者もいたくらいだ。「出る杭《くい》は打たれる」という諺《ことわざ》を地で行くバッシングであった。

しかし、チャラいのをモットーにしている私はそんなとき、ニコニコ笑って「あぁ、いいじゃないですか。陸上界をもっと盛り上げていくためにも、優勝監督が積極的にテレビ出演しないとダメですよ。あなたもどんどんテレビに出てくださいよ」と申し上げたしだいである。

私はそんなバッシングなどに一切、怯まない。それは、陸上界をもっと華やかな世界にするという大義があるからだ。この大義があるから、優勝監督としてテレビに出たり、新聞・雑誌のインタビューに答えたりして陸上競技の魅力をアピールしてきた。もちろん、自分が目立ちたいという思いもないわけではないが、陸上界をメジャーにするという大義があるのでヘッチャラなのだ。

一部のマスコミには「原はビッグマウスだ」と書かれたりした。大口を叩《たた》くのをよしとしないのが昔からの日本の風土であり、とくに陸上界は「謙虚《けんきよ》であれ」という風潮が強い。だから、ビッグマウスと言われてしまうわけだ。

しかし、私が断言したことがそのとおりになる確率はかなり高い。というのも、ふだんからシミュレーションを繰り返しているため、試合の勝敗を含めて最終的にこうなるという結果が自然と見えてくるからだ。

ちなみに、初優勝後の新聞記事のなかに、神野が寮母である妻の美穂《みほ》に「最近、監督が練習に出てこないで困っています」と漏《も》らしたというのがあった。これは彼の冗談である。「原監督が講演やイベントで忙しく、青学の練習は監督不在が多い」と書かれることもあったが、これも間違いである。実際には、私は9割以上の練習に出て指導している。

1週間のうち月曜日が全日お休みで、木曜日は朝練習だけで後が空《あ》いている。だから、講演やイベントは月曜日か木曜日に入れており、結果的に私の休日がなくなるだけの話である。

働き詰めの自分を慰《なぐさ》めるため、小田急線を使うときにロマンスカーに乗ったり、JRを使うときにグリーン車に乗ったりするのが、私のささやかな贅沢《ぜいたく》だ。そうして移動の間に仮眠を取ったり、じっくり構想を練ったりする時間に充てている。

新チームは史上最強チーム

2015年の箱根駅伝後、4年生が引退するのに伴《ともな》い、新しいチームがスタートした。

神野大地がキャプテンに就任し、学生史上最強のチームの誕生である。というのも、1万メートルを28分台で走るトップクラスのランナーが10人を超えていたからだ。箱根駅伝連覇と完全優勝によって結果的に証明されたわけだが、その強さを実証していこうというのが、新チームのスタート時点での私の正直な気持ちであった。

史上最強チームである以上、選手たちが自主的に試合や練習に臨めばよいという考え方で、私は指導に当たった。

選手たちはみな個性的で、多種多彩《たしゅたさい》なランナーが集まった。何といっても、キャプテンで新・山の神の神野大地と久保田和真がチームの柱となったが、小椋裕介や渡邉《わたなべ》心《こころ》、渡邉利典《わたなべとしのり》らも「いや、このチームは神野や久保田だけのチームじゃない。オレたちもヒーローになるんだ」という気概《きがい》を持ってスタートしたと思う。

新キャプテンとなった神野は、陸上競技と真剣に向き合える人間で、何事に対してもストイックであった。

調子がいいときは頑張るけれども、調子が悪いときには頑張らないという選手が多く、能力が高い選手でもその傾向は変わらない。ところが、神野の場合は調子が悪いときでも、故障している最中でも、自分の目標を見失わずに、できることを精一杯やるだけの人間力が備《そな》わっていた。それは性格というよりは、自分には陸上しかないという冷《さ》めた自覚が成せる業《わざ》だったかもしれない。

そんな神野も最初からそうだったわけではない。1年生で入部し立ての頃は、お腹がすいてお菓子ばかり食べていた時期もあった。ところが、1年の秋に故障して駅伝のメンバーから漏れてしまった。その悔しさがバネになったのではないだろうか。

人間というのは不思議な生き物で、何でも与えられていると意欲が失せてしまう。やはり何か悔しさがないと闘志が湧《わ》いてこないのだ。

とくに、青学の場合、選手の首根っこをつかんで走らせるようなしくみを採っていないため、陸上の強い伝統校から入学してくる選手は高校時代に植えつけられた呪縛《じゅばく》を解くのに時間がかかる。伝統校や強豪校の多くが、監督や指導者に服従する支配型のしくみで、選手たちは自立心を奪われており、青学に入って自立心を持つまでに1年ぐらいはかかってしまうのだ。

神野の場合も、高校時代の呪縛から解放されて自発的に走るようになるまで1年近くかかったと思う。

神野をキャプテンとした青学は最強チームであったが、神野自身は4年生の1年間を通じてケガに苦しんだ。2度の疲労骨折をはじめ、1年のうち半年以上にわたってケガに悩まされる結果となった。1年生のときから4年越しで蓄積《ちくせき》された疲労が4年生になって出てしまった形である。

どんなに強い選手でも、ずっと右肩上がりで調子が上がるわけではなく、上がったり下がったりというサイクルを繰り返すのが普通だ。神野の場合は、大学卒業後に実業団のコニカミノルタに入って以後は好調をキープし、活躍を続けている。

なぜ全日本大学駅伝で2位に甘んじたのか

島根県の出雲《いずも》大社正面鳥居前から出雲ドーム前までの6区間45・1キロを競う10月12日の第27回出雲全日本大学駅伝選抜競走（以下、出雲駅伝）で、青学はエースの神野を欠いていたが、駒澤大学との競り合いを制して3年ぶり2度目の優勝を果たした。

つづく11月1日の第47回全日本大学駅伝対校選手権大会（以下、全日本大学駅伝）は、愛知県の熱田《あった》神宮から三重県の伊勢《いせ》神宮内宮《ないくう》宇治橋《うじばし》まで8区間106・8キロを競うものだが、青学はまさかの2位に甘んじ、期待された学生駅伝3冠は成らなかった。悲願の初優勝を果たしたのは、1区2区に服部勇馬《はっとりゆうま》・弾馬《はずま》君の兄弟エースを並べた東洋大学であった。

日頃のトレーニングで言えば、10月の出雲駅伝が大まかに言って10キロ仕様、11月の全日本大学駅伝が16キロ仕様、そして最大の目標でもある箱根駅伝では21キロ仕様に仕上げていかねばならない。

21キロ仕様というのはつまりハーフマラソン仕様ということだが、箱根駅伝の場合、アップダウンがあるため、実際には25キロ仕様で仕上げていかねばならない。だから、正月の箱根駅伝を見据《す》えて、出雲駅伝から全日本大学駅伝の間で、練習の負荷を上げていく必要がある。

このため、全日本大学駅伝のときには選手全体に「重たさが残った感じ」が拭《ぬぐ》えなかった。スタートから後手に回るレース展開で、4区で久保田が、5区で下田裕太が猛追してトップに並び、「これで流れが変わるか」と思ったが6区で渡邉心が再び引き離された。神野がアンカーで出場することで、チーム内に「神野に託《たく》せば何とかなる」という安易な気持ちが広がってしまった嫌いがあったかもしれない。

一方の東洋大学は、絶対に青学に勝って初優勝するという目標に向けてチームが一《いち》丸《がん》となっていた。しかも、設楽悠太《したらゆうた》キャプテンの時代、柏原竜二《かしわばらりゅうじ》キャプテンの時代にも2位に甘んじた悔しさ、積年の恨《うら》みを晴らそうという気迫に満ちていた。だから、東洋大学が120パーセントの力を出し切ったのに対し、青学は60から80パーセントの力を出すに止《とど》まり、勝敗が決したのである。

アンカーを務《つと》めた神野はこのレースを「笑顔のない襷リレー」と名付けたようだ

が、青学は優勝候補最有力とされていただけに、駅伝3冠を達成することの難しさを肌で感じざるをえなかった。

直後のミーティングで話し合ったのは、当たり前のことができていなかったことへの反省であった。

チーム全体に気の緩《ゆる》みが見られたが、とくに目立ったのがマネージャーサイドである。駅伝当日の朝、選手たちの起床は午前4時だが、マネージャーたちは1時間早い午前3時には起きて熱田神宮の場所取りに出発する予定になっていた。

ところが、午前3時をすぎても宿舎は寝静まったままで、「おかしいなあ。まだ起きてないんかなあ」と気を揉《も》んでいると案《あん》の定《じょう》、寝坊してバツの悪そうな顔で起きてきた。事前の準備に対するこだわりが弱かったと言わざるをえない。

しかも、あわてたために選手たちが使うシートやマットなど控用のグッズを一式、町田《まちだ》寮から現地宿泊場所に持っていくのを忘れてしまった。これでは「戦う前から負けている」ということだ。

だから、全日本大学駅伝が終わった時点で、私がミーティングで部員たちに呼びかけたのはレースの内容ではなく、「当たり前のことを当たり前にやっていこう」という基本のキであった。準備をきちんとやって、負けるのであれば、それは仕方のないことだ。しかし、準備を疎《おろそ》かにして負けたら悔いが残る。

全日本大学駅伝の後、チームはしばらく沈んだ雰囲気だった。やはり勝たないと面白くないと私も思ったし、選手たちも同じ思いだったと思う。ただ、ここで負けたことは逆によかったかもしれない。箱根もそう簡単には勝てないということで、緩んでいたチーム内が引き締まったからだ。

合言葉は「準備とこだわり」

全日本大学駅伝の敗北で、他の大学も「打倒、青学」で闘志を燃やしているのだから、簡単には勝たせてもらえないことがわかった。だからといって、箱根駅伝に向けて練習量を増やし、猛練習で鍛え直すのではなく、当たり前のことを当たり前にやるのが重要だと私は選手たちに説《と》いた。

そもそも、陸上競技は試合も練習も1年間のスケジューリングのなかで考えなければばいけない。その計画を外《はず》れて1カ月猛練習をしたところで、成果が上がらないだけでなく、ケガやトラブルを引き起こす因《もと》になるだけだ。

私は全体ミーティングで選手たちにこう話した。

「練習は計画どおりに進めていく。ウォーミングアップしかり、体操しかり、食事しかり、君たち自身の準備とこだわりがあるだろう。試合に行くときもしかり、遠征に行くときもしかり。準備とこだわりを忘れないようにしてくれ」

当たり前のことを当たり前にやるのは難しいことではないので、チームはすぐに元に戻った。そして、箱根駅伝までの1カ月半、やるべきことをやったことが、連覇と完全優勝につながったのだと思う。

11月中旬の記録会では、ベストを更新する選手があいついだ。世田谷陸上競技会、出雲駅伝から全日本大学駅伝へという流れのなかで、ハードな練習をこなしてきた選手たちのコンディションが非常にいい状態になっていたからだ。

この後、世田谷246ハーフマラソン、11月下旬の1万メートル記録会で、箱根駅伝に出場する選手を16人に絞《しぼ》った。

そして、12月上旬に実施する恒例の選抜強化合宿（5日間）で最終選考し、あとは箱根の本番を待つだけになった。夏合宿は女子マネージャーも含めて50人ほどが参加するが、年末の強化合宿に参加するのは20人ほどになる。

この時点で、最大の不安材料はエース神野のケガであった。ほとんど練習ができていなかったため、本人もあきらめかけていたようだ。

それで、私は神野を呼んで話し合った。神野が12月の第一週の終わりぐらいから走り始められそうだと言うので、「大丈夫だ。１カ月あれば大丈夫だから心配するな。基本的には、おまえを使う予定だから」と本人に伝えた。

ケガの神野を最後まであきらめない

初優勝した後、キャプテンの神野はケガに悩まされつづけていた。

２０１５年４月頃は焦《あせ》らずにしっかり治していけば問題ないという認識だったが、6月に再び故障を起こしてしまった。それでも、夏合宿までに治せば何とかなるという楽観的な見方をしていた。

11月の全日本大学駅伝直後、神野が再度、故障したときにはさすがの私も頭を抱《かか》えてしまった。これはダメかもしれない、つまりエース神野が箱根駅伝に出場できないかもしれないという考えが脳裏《のうり》をよぎったが、それでも最後まであきらめなかった。1カ月あれば何とかなると強気の姿勢を崩さなかったのだ。

というのも、全日本大学駅伝でアンカーを務めた神野のタイムはよくなかったが、そこそこ仕上がった状態になっていたからだ。直後の故障は困った事態だったが、12月に入って走り出すことができれば何とかなると踏《ふ》んでいた。

神野には上り坂に圧倒的に強いという特性があるため、初優勝したときのように5区で1時間16分台は無理でも、3分遅れの1時間20分前後、つまり区間で3位以内というスピードなら十分に可能だ。1カ月あればギリギリ大丈夫だという見方が直感的にひらめき、神野の起用を最後まであきらめなかった。実際、当日のタイムは1時間19分台であった。

神野の起用を最終的に決断したのは、12月20日ぐらいのことだった。コースの下見に行った際に、試走《しそう》（タイムトライアル）したところ、それなりの記録が出たため、ゴーサインを出すことができた。箱根駅伝のわずか2週間前のことである。

ちなみに故障というのは不思議なもので、チーム内にひとり故障が出ると連鎖《れんさ》する。夏合宿などでハードな練習をしたとき、故障者がひとり出たと思うと、同調して次々に故障が起きることがある。

故障のなかにも、治療や休養を必要とする故障と我慢できる故障がある。脚を引きずっていれば明らかに故障したとわかるが、我慢できる故障は傍《はた》から見えないため、痛みを我慢して治してしまう選手もいる。

ところが、合宿で故障者が続出すると、我慢していた緊張の糸がプツンと切れ、故障者として手を挙げるというわけだ。

故障者が1割程度であれば主たる原因は個別にあると見てよいが、故障者が全体の3割を超えてきた場合は、これは明らかに監督の責任であり、練習プログラム自体を根本的に見直す必要が出てくる。練習量の過多《かた》なのか、練習の強度が強すぎるのか、全体の流れが悪いのか、検討してみなければならない。

連覇へのオーダー

箱根駅伝に出場する選手は、まず12月10日に補欠を含めた16人の名簿を提出し、12月29日に10区間10人の区間エントリーを提出する。この時点で、補欠の6人も決まるわけだ。

エントリーを提出したら、その後に1区と3区の選手を替えたりすることはできない。替えることができるのは区間エントリーした選手の代わりに補欠を入れることで、往路と復路の2日間で6人のうち4人まで、補欠を入れることができる決まりになっている。

神野と並ぶエースの久保田もギリギリまで調子が上がらず、12月中旬になっても練習が思うようにできない状態だった。ようやく12月下旬の1万メートルでトップになったが、12月29日の区間エントリーを前に4区を田村和希《たむらかずき》（当時2年）にするか、久保田にするか、最後まで迷うことになる。

28日の時点でのラインアップは次のとおりだ。

1区　下田裕太（2年）
2区　一色恭志（3年）
3区　秋山雄飛《あきやまゆうひ》（3年）
4区　田村和希（2年）か久保田和真（4年）
5区　神野大地（4年）
6区　小野田勇次《おのだゆうじ》（1年）
7区　小椋裕介（4年）
8区　渡邉利典（4年）
9区　中村祐紀《なかむらゆうき》（2年）
10区　茂木亮太《もてぎりょうた》（3年）か渡邉心（4年）か池田生成《いけだきなり》（3年）

しかし、12月29日朝の練習を見ると、久保田が輝いて見えた。これは残り4日間で調子を上げてくると直感した私は、エントリー提出のために寮を出るマネージャーを呼び止めて差し替えた。エントリーしたメンバーは次のとおりである。

1区　村井《むらい》駿《しゅん》（3年）
2区　一色恭志（3年）
3区　秋山雄飛（3年）
4区　山村《やまむら》隼《しゅん》（4年）
5区　神野大地（4年）
6区　小野田勇次（1年）
7区　小椋裕介（4年）
8区　池田生成（3年）
9区　中村祐紀（2年）
10区　茂木亮太（3年）
補欠　久保田和真（4年）、橋本《はしもと》峻《りょう》（4年）、渡邉心（4年）、渡邉利典（4年）、
　　下田裕太（2年）、田村和希（2年）

田村や下田、渡邉利典（当時4年）を補欠に回したのは作戦である。実際には使うつもりだったが、ダミーにしたのだった。

田村は暑さに弱く、区間の距離が短いほうが有利なので、これは4区しかなかった。秋山雄飛も使うとすれば3区しかなかった。秋山はチーム内では「隊長」というニックネームで呼ばれているので、以下は秋山隊長と記すことにしたい。

プロ野球には予告登板の投手を替えて相手チームを攪乱《かくらん》する戦法があるが、青学の場合はそういうことではまったくない。あくまでベストパフォーマンスを発揮するためにパズルを組み合わせていく過程で、ダミーを置いただけのことだ。たとえば、初優勝した2015年の箱根駅伝でも、3区の渡邉利典、4区の田村のふたりは、チーム内でダミーだと見られていた。

秋山隊長を3区に起用したことが意外だとして反響を呼んだが、チーム内では秋山はダミーで本番は外れると見られていた。ところが、最後の1週間の調整段階で、彼が上り調子であることがわかったので、私は思い切って起用することにした。

久保田はすでに述べたように12月中も調子が悪かったが、29日の走りで輝いて見えた。翌30日、31日と上り調子で、駅伝前日である元日の練習では、これなら本番はぶっちぎりで独走するのではないかという予感がするほど、いい状態に仕上がっていた。久保田本人も「行ける」と断言しており、彼がそういう言葉を発するときは本当に行けることを私は知っていた。

私は久保田を1区か4区に使おうと考えていたが、本人が「1区で行きます」と言うので、最終的に1区で行かせることを決めた。

このため、当初1区でと考えていた下田を8区に回すことにした。下田は往路の要員として練習していたのが復路に変わったので、よく言えば1日分、余裕を持って調整できた、悪く言えば1日練習にズレが生じる結果となった。

また、渡邉利典を10区のアンカーで行かせることも決めた。このため、31日になって急遽《きゅうきょ》、利典を車の助手席に座らせ10区のコースの下見をさせたのである。

危機を乗り越えて

初優勝から連覇までの1年間について今、振り返って見ると、最大の危機は11月の全日本大学駅伝で負けたうえに、エースの神野が故障で離脱した時期だろう。ここがチームにとっては正念場《しょうねんば》であった。

あとは、とくに大きな危機はなかった。すでに組織づくりがしっかりできていたので、年間スケジュールにしたがって練習と試合をこなしさえすれば、勝てるはずであった。

ふだんから選手たちと食卓をともにし、練習だけでなく生活もずっと一緒であるため、最後の調整段階でその選手の調子が上がりそうか下がりそうか横ばいか、テンションが上がっているか下がっているかが、私には何となくわかるのだ。

寮で生活をともにしているので、早朝の朝練習をするために寮の玄関から出ていくところから選手たちと行動が一緒だ。だから、選手たちの朝一番の動き方や、負荷が強い練習をした翌朝の行動なども見てわかっている。

また、寮母をしてもらっている妻の美穂は「最近、食欲がない」とか「きょうは食べ残した」とか主に食事を通して選手たちの体調を見ている。監督が夫婦で寮に住み込み、選手たちと一緒に生活しているのは、大学駅伝では青学と数校だけであり、実はこのことがチーム青学の隠れた強みになっていると思う。

たとえば、ある選手の調子が悪く、練習の手を抜いているとする。周りの選手たちはすぐに「あいつ、サボっているな。調子悪いな」と気付くが、私は選手たちより大きな視点、長い目で見る。「ここのポイントはクリアしているから、今の時期に3回に1回ダメでも、彼の能力からすれば十分、調子を上げてくるに違いない」というふうに見てとるわけだ。

1万メートル走るのでも、練習ではどうか、試合ではどうか、前半飛ばすタイプか、後半伸びるタイプか、個人によってもまったく違う。こういうことは、紙ベースでタイムを見ただけではわからない。

やはり「答えは現場にあり」ということだろう。

第2章　連覇、そして完全優勝へ

39年ぶりの完全優勝

２０１６年正月の箱根駅伝に向けて、青学最大の目標はもちろん連覇であった。学生史上最強チームと呼ばれるほど強いチームだったので、連覇する自信は「ほぼほぼ」１００パーセント近くあった。

ただし、11月の全日本大学駅伝で思わぬ苦杯《くはい》を舐《な》めていただけに、実際に連覇を達成したことは大きな喜びであった。

一方、完全優勝のほうはまったく考えていなかった。これは、後から付いてきた「棚から牡丹餅《ぼたもち》」である。39年ぶりというのも、後から知ったことであった。

ただ、タイムはもう少し伸びるかと思っていた。青学のタイムは10時間53分25秒で2位の東洋大学に7分11秒の大差をつける圧勝だったが、前年の初優勝時の記録10時間49分27秒を縮めることはできなかった。予想より気温が上がったために各区間15キロ以降の終盤記録は伸び悩んだが、史上最強チームであることが証明できて本当によかった。

神野や久保田らの学年のひとつ上、２０１１年4月入学の藤川拓也らの学年は、前述したように記録のいい高校生たちはスカウト合戦で明治大学にかっさらわれてしまっていた。それに比べて2012年4月入学の学年では、全大学の同世代の中で三羽がらすと言われ、その中でも駅伝ではめっぽう強い久保田を中心に、記録のいい高校生が獲得でき、4年間で順調な成長を遂げたと言える。なかでも、連覇の箱根駅伝でMVPに輝いた久保田は逸材《いつざい》の揃った同学年のなかでも唯一の天才である。

そもそも神野や久保田が4年生になったときに箱根駅伝で優勝することを目標で計画を進めてきたところ、1年早く2015年正月に優勝してしまったというのが嘘《うそ》偽《いつわ》りないところであり、逆に言えば、史上最強チームで優勝を外すわけにはいかないという意地みたいなものもあった。

なぜ、青学は箱根駅伝で連覇できたのか。

ひとつの現象にはさまざまな要因が複雑に絡《から》んでいるが、まず指摘したいのが、私が監督に就任してから12年目の出来事だということだ。この11年余りの年月を費やして培ってきた組織の力が発揮されたのである。

また、チームに成功体験があり、前年に優勝したという余裕もあったと思う。逆に言えば、必ず優勝しなければならないという重圧がそれほどなかったことも功《こう》を奏《そう》した。その意味で、2015年正月の箱根駅伝で優勝できたことはラッキーだった。

この年はまだ、駒澤大学や東洋大学が覇《は》を競っていた時代だったが、青学は勢《いきお》いに乗って初優勝してしまった。その結果、2016年正月の箱根駅伝で優勝へのプレッシャーがそれほど強くなく、選手たちは比較的にではあるが肩の力を抜いて走れたのではないだろうか。

全10区間を解説する

1区　久保田和真（4年）
2区　一色恭志（3年）
3区　秋山雄飛（3年）
4区　田村和希（2年）
5区　神野大地（4年）
6区　小野田勇次（1年）

７区　小椋裕介（４年）
８区　下田裕太（２年）
９区　中村祐紀（２年）
10区　渡邉利典（４年）

このレースのポイントは第一に、１区の久保田と５区の神野という二枚看板がきっちりと仕事をしてくれたことだ。

12月中に調子を崩していた久保田がギリギリの12月29日になって復調し、駅伝当日の朝、「これは独走で区間賞を絶対取る」と予想できた。

第二のポイントは、不安を抱えていた３区の秋山隊長が仕事をしっかりしたこと。３区の５キロ地点で、秋山隊長が後続を大きく引き離したのを確認して、「これは大丈夫だ」と確信した。

あとは２区の一色、７区の小椋をはじめ、鉄壁のオーダーを組めていたので、何も問題がなかった。とくに、復路の７区から10区までに１万メートル28分台のランナーを揃えられた点が他大学を圧倒する強さであった。

とは言うものの、レース中で「ヤバい！」と思った瞬間はいくつかあった。ひとつは4区の田村が脱水症状になりかけたときだ。また、アンカーの渡邉利典も区間新狙いで飛ばし過ぎ、ラスト3キロで脱水症状になりかけたが、ゴールまで走り切ることができてよかった。

気温が上がると脱水症状になるリスクが高まるのはやむを得ないので、監督はスタートラインに立った時点で選手の体調がどうかを見極めなければならない。箱根駅伝の場合、楽観による見切り発車は許されないのである。

２０１６年正月の箱根駅伝でも途中で止まってしまう選手が出たが、勝つためにはひとりの故障・失速も許されないのが駅伝の厳しいところでもある。

◆1区　21・3キロ　久保田和真（4年）　区間賞&MVP　1時間1分22秒

２０１６年1月2日、箱根駅伝往路の朝、久保田は快調で、朝の様子を見て「これはぶっちぎりで来る」と確信した。実際に久保田は16キロ付近でスパートをかけ、18

キロ地点で明治大学の横手健《よこてけん》君を振り切って単独トップに立った。

私たち監督は、東京千代田区大手町の読売新聞社東京本社に設けられた控室に陣取っていたが、日本テレビの取材に「(1区では) 行きますよ。たぶん、うちがぶっちぎりますよ」と話していたので、他大学の監督たちは「原がまた大口を叩いて」と思ったかもしれない。

スポーツ紙や雑誌などには、私が優勝を確信したのは4区だとか、6区だとか、7～8区だとかいろいろと記事を書かれていたが、実は久保田が1区で予想どおり区間賞を取ったとき、「これは楽勝だ」と思ったのである。

◆2区　23・1キロ　一色恭志(3年)　区間3位　1時間7分35秒

一色恭志は区間3位の走りで、首位をキープした。

2年生だった15年の箱根駅伝では、明治大学の大六野《だいろくの》秀畝《しゅうほ》君にピタリと付いて後半上がっていく展開だったが、今回は最初から最後まで独走で、気持ちよく走れたのではないか。

スタート時点で25秒の差をつけて走り始めた一色は一時、東洋大学4年で2区区間賞を取った服部勇馬君に18秒差、100メートルを切るところまで詰め寄られた。しかし、最後には持ち直して逆に差を広げ、服部君に22秒、100メートル強の差をつけて秋山隊長に襷を渡すことができた。

ちなみに襷を渡す時点で10秒差以内だと、次の区間で逆転される可能性が高い危険ゾーンに入る。その終盤で逆に引き離したため、東洋大学は簡単に追いつくことができなくなった。

一色は結果的に、持ち前の強さを発揮することができたと思う。

15年の夏合宿では最初のミーティングで「マラソンをやりたい者は手を挙げろ」と言って挙手させたところ、当時2年の一色と1年の下田のふたりが手を挙げた。

マラソンに挑戦する選手にとって、箱根駅伝はゴールではなく、リオオリンピックの選考会を兼ねた東京マラソンやびわ湖毎日マラソン大会に向けた通過点にすぎない。マラソンの練習からすれば、駅伝の練習はそれほどきつくない。だから、ふたりはそういう自覚を持って夏合宿を乗り切ってくれた。それが本番での強さにつながったと思う。

◆３区　21・４キロ　秋山雄飛（３年）　区間賞　１時間２分24秒

一色の踏ん張りによって22秒差で襷を引き継いだため、秋山隊長は３区最初の５キロをなりふり構わずに走ることができた。その結果、５キロ地点でもう後続が見えなくなったので、「ああ、これはいいや」と思った。なぜなら、後続を気にすることなく、無心に自分の走りをすることができるからだ。

事前の下馬評《げばひょう》では、３区で東洋大学3年の服部弾馬君が猛追し、追い越すのではないかと言われていたが、どうやら調子が今ひとつだったようだ。

それにしても、秋山隊長がここまでやってくれるとは思わず、嬉しい誤算となった。

◆４区　18・５キロ　田村和希（２年）　区間賞　55分17秒

田村和希は順調に滑り出し、区間新ペースで快走したが、日差しが予想以上に強く、8キロ地点で脱水症状になりかけた。

世界的にはマラソンでも長距離走でもスポーツドリンクによる水分摂取が当たり前になっている。箱根駅伝では例外的にずっと認められてこなかったが、実は今回初めて認められていた。このため、田村はスポーツドリンクを飲んで息を吹き返し、脱水症状を克服することができた。

ラスト2キロで再びバテかけたが、ゴールまで走り抜き、結果は区間賞に輝いた。スポーツドリンクの効果を改めて実感したレースであった。

◆5区　23・2キロ　神野大地（4年）　区間2位　1時間19分17秒

神野は前述したように全日本大学駅伝直後の故障で、出場のめどが立ったのが12月20日前後にずれ込んだ。

しかし、試走では前回並みのタイムが出ていたので、私は何も心配していなかった。「神野なら絶対にやってくれる」と信じていたのだ。

ただ、駅伝当日、ラスト3キロぐらいの地点で脇腹を押さえているのを見たときは、血の気が引いた。練習不足もあって、脇腹に差し込みがあったか、あるいは痙攣《けいれん》が起こったのだろう。

神野は3年生のとき、日本学生陸上競技対校選手権大会（以下、日本インカレ）で脇腹に痛みを感じて、ラスト1周を歩くというアクシデントを経験したことがある。そのときは、「ヤバい。棄権になるかもしれない」と思った。その悪夢が一瞬、頭をよぎったのだ。

テレビの中継車が並走していたこともあり、神野はすぐに脇腹から手を離した。もう一度、脇腹を押さえたが、確か2回だけで治まったと思う。

結局、神野は区間賞を逃《のが》したものの、2年連続で1時間20分を切る好タイムで快走し、満身創痍《まんしんそうい》の体に鞭《むち》打って奮闘した。

こうして、正月2日の往路は、青学の独走で優勝を飾ったのである。

◆6区　20・8キロ　小野田勇次（1年）　区間2位　58分31秒

駅伝が終わった後、6区を走った1年生の小野田勇次がまさかあそこまで快走するとは思わなかったという評価の声を耳にした。

確かに小野田は高校時代、それほど注目された選手ではなかったが、青学に入学以来、1年間にわたって練習に欠かさず参加して実力をつけていた。また、平坦《へいたん》なグラウンドと違って、山下りの試走では過去最高という記録を出し、山下りに適性があることを示していた。

飄々《ひょうひょう》とした性格なので、本番でビビらないことも織り込み済みだった。

強《し》いて言えば、箱根湯本を下った地点からゴールまで残りの3キロをどうバテずに走り切るかが未知数であり、課題ではあった。しかし、この区間は運営管理車が付いているので、きっと乗り切ってくれるだろうと思っていたが、そのとおりになったのだ。

◆7区　21・3キロ　小椋裕介（4年）　区間賞　1時間3分8秒

7区の小椋と8区の下田は絶大な信頼を持って送り出し、まったく心配していなかった。小椋は区間新記録が出るペースで快走したが、予想以上に気温が上がり、15キロ辺りから4区の田村同様に脱水症状になりかけた。

このため、スピードを少しセーブして走り切る安全策に切り替えるように指示を出したが、本人は区間新を狙って走り続けた。

◆8区　21・4キロ　下田裕太（2年）　区間賞　1時間4分21秒
15度近くまで気温が上がるなか、下田は攻めの走りで独走。2位との差をさらに広げて文句なしの区間賞を獲得した。この箱根駅伝での成功体験がバネになって、2月の東京マラソンでの日本勢2位という快走が生まれたのだと思う。

◆9区　23・1キロ　中村祐紀（2年）　区間7位　1時間11分23秒
中村祐紀は「精彩《せいさい》を欠いた」と記事に書かれたが、小椋や下田同様、1万メートル28分台の実力者である。中村の代わりに橋本峻（当時4年）を使ってもよかったが、中村の起用は学内選考会での好タイムに基づいたものだった。

中村は練習をしっかりとこなし、学内選考レースでも見事な走りを見せた。箱根駅伝の直前に胃腸炎で体調を崩したので、嫌な予感はしていたが、本番で外す理由はなかったと言ってよい。

当日は、気温が上がったこともあり、「1キロ3分5秒のペースでいいから、落ち着いて走れ」という指示を出し、あえて抑え気味で走らせた。調子はよくなかったが、何とか走り切ってくれてよかった。

◆10区　23キロ　渡邉利典（4年）　区間賞　1時間10分7秒
渡邉利典は好調で、20キロまでは区間新記録のハイペースで飛ばした。通常であれば、2位以下にこれだけの大差がついたら守りに入り、トラブルを避けて安全策を採るのが定石だ。私も少し抑えるように指示を出したが、本人は区間新を狙って攻めのレースをしたわけだ。

その結果、やはり暑さにやられて、ラスト3キロは脱水症状のような状態になり、失速した。何とかゴールまで走り切ったが、満面の笑みでゴールした直後、ぶっ倒れていたのが印象に残っている。

1年がかりのオーダー～最適区間はどこか

こうして2016年正月の箱根駅伝は連覇と39年ぶりの完全優勝という快挙で終わったわけだが、勝因は何かと言われれば、神野や久保田ら4年生が入学して以後、逸材に恵まれたことと、前回の箱根駅伝以後、新チームで1年間にわたって計画的に練習を積み上げてきたことが挙げられると思う。

箱根駅伝の10区間10人の選手については、学年と同じ人数の逆ピラミッド、つまり4年が4人、3年が3人、2年が2人、1年が1人の比率がベスト・バランスだと言われるが、16年の青学チームは4年4人、3年2人、2年3人、1年1人とほぼベストの比率に近い布陣《ふじん》になった。

「箱根駅伝のオーダーをいつ頃考えるのか」という質問を受けることがあるが、その答えは「1年365日ずっと考え続けている」である。

箱根駅伝が終わった直後から、今オーダーを組むとしたらどういう布陣がベストか、常に考えている。具体的に誰を○区に、というところまで当てはめているときもある。もちろん、選手たちの状態や成長によって布陣がどんどん変わっていくのは当然のことだ。

それから、その時点で私が考えたオーダーについては妻の美穂に見てもらい、意見を聞いている。何度もしつこく意見を聞くものだから、最近は「いいんじゃない」の一言で終わることも多くなった。

オーダーに采配を振るうとき、チームにゲーム・チェンジャーが多くいるほど、区間割をやりやすくなる。ゲーム・チェンジャーというのは、後手に回っているときには先手を抜き去り、僅差《きんさ》で先手にいるときは後手を引き離すなど、ゲームの局面を一気に変えられる力のあるランナーのことだ。

ゲーム・チェンジャーが何人いるかで、チームの強さが違ってくる。ゲーム・チェンジャーがチームにひとりいるだけでも、いない場合に比べてずっと強くなると思う。

たとえば、箱根駅伝で連覇した青学チームの場合、往路の久保田と神野、復路の小椋や下田らがゲーム・チェンジャーと言ってよい。往路と復路のメンバーを入れ替えても優勝できるほどの実力だったため、他大学の監督たちはさぞ青学が羨《うらや》ましかっただろう。

初優勝して以後、他大学の動向は気にならなくなった。予選会の突破が課題だった頃は、他大学の戦力が気になって、いろいろ調べては分析していたが、もう青学の組織づくりが整い、独自のスタイルが確立したため、わが道を行くという感じになっている。

東洋大学や東海大学、駒澤大学などの強豪校がどういうオーダーで臨み、主力がどういう選手かは事前にシミュレーションするが、優勝を狙えるだけの力のある選手を揃え、年間計画にしたがって選手たちをきちっと育てていけば、自《おの》ずと結果が出るというのが今の心境だ。何でもそうだが、あとは自分自身との闘いである。

初優勝のときは優勝監督である私がヒーローとなったが、２０１６年の連覇では選手たちがヒーローとなった。

まさに、選手たちの自主性が連覇を呼び込んだと言えよう。

ただし、自主性というのは、自由で勝手気ままだということではまったくない。チームの哲学を踏まえて、チーム一丸となって目標に向かうなかでの自主性であり、青学というチームカラーと監督である私のコーチングのもとでの自主性でもある。

たとえば、1年生のときから目標管理シートを使って練習や試合を重ねていくのは当然であり、目標管理ミーティングでは学年に関係なく、ランダムに5～6人のグループをつくって話し合いを進めていく。1年生も見よう見まねでやっていくうちに、青学のスタイルが自分のものになっていくのである。

そうやって、自主的に考え、行動するなかで、自分が努力するとともにチームに貢献するという当事者意識を持てるようになれば、自主性も本物になってくる。

そうした自主性は一朝一夕《いっちょういっせき》に身につくものではないので、監督やコーチもある程度、誘導していかなければならない。しかし、こちらで答えを出して押し付けるようなやり方だったら、選手たちの自主性が芽生《めば》えることもない。だから、答えを出さずに指導することが必要で、それは指導者がどこまで我慢できるかにかかっていると思う。

そこで大事なのは、選手が失敗したときの叱《しか》り方である。

選手が悪意を持って規則を破ったりしたときは叱り飛ばすけれども、まじめに努力して失敗したときには、本人に気を配ってあげる必要がある。そうしないと、自主性が育たないからだ。

私がよく使う手は「今回はダメだったけれども、こういう切り口でやってみたら伸びるのではないか」とか「こういうふうに考えたら、もっといい方向に行くのではないか」といった言い回しで諭《さと》すことだ。

プレッシャーを、どうはねのけたのか

２０１５年の箱根駅伝初優勝は、チームの勢いで勝ったという感じが強いが、２０１６年の連覇はまったく違って、学生史上最強チームが実力を発揮して予想どおりの優勝を果たしたという実感がある。

２０１５年は主力の4年生に強い選手が揃っていたわけではなかったが、勢いに乗って「オレたち勝てるんじゃないか」「もしかしたら優勝できるんじゃないか」「先頭を走ったらテレビの中継に映るぞ」といった高揚感、ワクワク感があって、チームが実力以上に活気づいていたと思う。

2016年は力のある選手が揃っていたため、連覇の声も高かったが、まさか完全優勝を果たすとは思わなかった。連覇を遂げたことで、15年の優勝がたまたまの幸運ではなく、青学チームに力があることを内外に示すことができた。

これまでの殻《から》を破った私の指導スタイルが気に入らない日本陸上競技連盟（以下、陸連）の幹部も、連覇と完全優勝がまぐれや勢いではないことを認めざるをえないだろう。

その一方で、「青学は連覇して当たり前」という声も多く聞かれ、「そのプレッシャーをどうはねのけたのか」と質問されることもあるが、これについて私は常日頃から選手たちに言っていることがある。

「やるべきことをやればいい。結果は後からついてくる。レースの順位が何番であろうとも、それが君たちの力だからね」

つまり、やるべきことをやり、その結果、順位が出る。言ってみれば、それだけのことだ。だから、当たり前のことを当たり前にやっていけばいいのだ。ただ、その当たり前のことをやるのが案外、難しい。だから、「準備とこだわりを持って頑張れ」

というのが、私がいつも選手たちに送るメッセージなのだ。

ただ、選手たちのなかには、本番に弱い者やメンタルの弱い者もいる。そういう選手たちにどう指導するかと言ったら、やはり日頃にかける言葉を大切にすることではないだろうか。

青学陸上部では、ふだんから学年ミーティングや目標管理ミーティングで話し合いをし、意見を交換することやアイデアを提案することはいいことだと考える土壌《どじょう》をつくってきている。だから、さまざまな問題や弱さを自分ひとりで抱えて悩まず、ミーティングでもプライベートな場でもいいから、吐き出して鬱積《うっせき》しないようにすることが大切だ。

全体ミーティングは試合の前後を中心に月に２～３回程度のペースで行なわれ、50人全員が参加する。目標管理ミーティングが月に１回程度、学年ごとに集まる学年ミーティングも月に１回程度行なっている。

このほか、町田寮の運営などについて話し合うため、監督と寮母、寮長、キャプテン、学年長、それに３人の主務（マネージャー）らスタッフが集まるスタッフミーティングも行なわれている。ここでは、馴《な》れ合いや惰性《だせい》を排し、チームの能力向上に即した寮の運営ができているか、問題点を出し合い、解決策を探る。

また、寮はふたり部屋で、上級生と下級生の組み合わせを基本にしている。マネージャーが叩き台をつくって、私が承認するという段取りにしている。せっかく同室になっても先輩と後輩が水と油でいがみ合っているのでは、マイナスにしかならない。同じ部屋で生活することで意識が高くなったりメンタルが強くなったりと、お互いの能力がアップするような教育的な意味合いも考慮したペアリングを心がけている。

2017年箱根駅伝の布陣は？

2017年正月の箱根駅伝に向けた新チームには、16年の箱根駅伝に出場した6人が残っているだけでなく、15年以前に出場したことのある経験者も2人おり、16年のチームに負けず劣らず強力な布陣になっている。

このうち、1年生だった2015年、2年生の2016年と2年連続で4区の区間賞を取った田村和希（3年）は暑いのが苦手なので、やはり4区の最有力候補となっている。

２０１６年に３区で区間賞を取った秋山隊長（４年）は３区か７区の候補だが、やはり暑さに弱く復路には適さないので、２０１６年同様に３区が順当だろう。

問題は山上りである。神野のように山上りに圧倒的な強さを見せる選手がいないため、２０１６年の夏合宿が終わった段階でいまだに５区が埋《う》まらない。

今のところ、下田（３年）、茂木亮太（４年）、吉田祐也《よしだゆうや》（１年）、貞永隆佑《さだながりゆうすけ》（３年）ら４人の候補に上り坂を走らせて、適性を見定めているところだ。

ゲーム・チェンジャーという意味では、小野田、一色、下田、田村、秋山らがゲーム・チェンジャーになりうるので、新チームも人材豊富で強いチームと言ってよい。

２０１７年の箱根駅伝からコースの若干の変更があり、５区が少し短くなる一方で、４区が少し長くなる。

当然、３連覇が期待されるが、普通に戦えば勝てるチームであることに何ら変わりはないだろう。

第3章　結果を出せるチームをつくる

大義を掲《かか》げて挑戦する

青山学院大学陸上競技部・長距離ブロックの監督に就任した2004年当初は、箱根駅伝出場が私の使命であり、陸上部最大の目標であった。

その際、私は目標に向かって進む大前提として、大義を掲げて挑戦していくというスタイルを採ることにした。大義の中身は就任当初の箱根駅伝出場から箱根駅伝優勝、そして陸上界の改革と、年を経《へ》るごとに変わってきたが、大義を打ち立ててそれを実現するためのプログラムをつくり、努力するというスタイルは終始一貫《しゅうしいっかん》してきたと思う。

掲げた大義が間違っていれば人は付いてこないが、大義が正しければ人は自ずと付いてくるはずだというのが私の信念であった。

もちろん、100パーセントの人たち、つまり全員に味方になってもらおうとは思わない。というのは、当たり前だが、人にはそれぞれ違った考えがあるからだ。ましてや、組織の場合、いろいろな考えの人たちが集まってぶつかり合うところであるから、組織づくりにあたって全員を説得して進むことなどありえない。だから、全体の

3割の賛同を得られるような大義であったら、推し進めていこうというのが私の考えであった。

箱根駅伝出場という当初の大義は監督就任5年目の2009年に第85回箱根駅伝で達成し、次の大義である箱根駅伝優勝も監督就任から11年目の2015年に第91回箱根駅伝で実現できた。

現在の大義はと言えば、箱根駅伝での3連覇や4連覇という発想ではなく、陸上界を華やかな世界にすることである。そのためには、マラソンを含めた長距離走の競技人口を増やしていかねばならない。競技人口の拡大が陸上界の発展につながると私は考えている。

たとえば、野球はプロ野球と高校野球が二枚看板となって花形スポーツとして人気を維持しているし、後発のサッカーもJリーグを中心に多数のファンを獲得している。どちらも一流の選手になれば報酬と名声を得られるしくみが整っている。

私は陸上界もプロになればメシが食っていけるような業界にしたいし、競技人口を増やすことで競技レベルの底上げを図りたいとも思っている。そのためにも、陸上界をサッカー界のようにメジャーにし、華やかな世界に変えていく必要がある。それが今の私の大義である。

時代遅れの陸上指導

陸上界の発展を阻《はば》んでいる壁のひとつが、旧態依然《きゅうたいいぜん》としたトレーニング方法だ。男女問わず、まず指導されるのが躾《しつけ》であり、監督やコーチといった指導者への服従である。口答えは許されず、場合によっては体罰も加えられる。選手たちの自主性が奪われ、根性論や精神論を叩きこまれる。

とくにマラソンや長距離走の場合、強化方法のベースにあるのが修行僧のイメージだ。指導者からは「練習中に笑うな」「しゃべるな。黙っていろ」「監督の言うことを聞け」「地味な服を着ろ」などの指示を受ける。しゃべることもタブーで、食べること、寝ること、風呂に入ること、すべてが修行であるとされる。

私の現役時代、出身高校でも似たような指導を受けた。実際には高校の顧問の先生からではなく、治外法権とも言える寮生活における上級生からのさまざまな理不尽な指導である。実業団に入って引退したとき、「何のためにやっていたんだろう」とふと気付かされたのである。

そういう修行僧的な陸上競技は、まずまったく面白くない。しかも、人間的でない。引退後、選手はうまくコミュニケーションを取れない人間になる。だから、出世もできない。そんな社会的に役に立たない選手を育てて、何の意味があるのか。

つい最近、ある宗教団体のビデオ映像を見る機会があり、なぜ無差別殺人という悲《ひ》惨《さん》な結果に至ったのか、改めて考えるとともに、なぜあそこまで急速に信者を増やしたのかについても考察することができた。

カルト教団の特徴のひとつは、信者たちと外界との情報を遮断《しやだん》し、人々との触れ合いをなくして、信者たちを徹底的に管理し、教祖の意のままに操《あやつ》る点にあったと思う。この点だけを取り上げれば、これまでの陸上界の指導理念そのものと言っても過言ではない。

今でもそうしたやり方で指導している大学や高校の陸上部があり、それが主流になっている地域もある。

そういうやり方で鍛えないと伸びないというのであれば、仕方がないかもしれない。しかし、サッカーや水泳など他の競技では、まったく違うアプローチで世界的に活躍する選手を育てているではないか。

青学の陸上部は箱根駅伝に連覇することで、陸上の長距離でも別のアプローチで選手が育つことを実証したと思う。

にもかかわらず、陸上界からは「テレビに出過ぎだ」とか「チャラすぎる」とか、私のキャラクターに対するバッシングややっかみが横行し、事実や実績を受け止めようとしない。しかし、私には陸上界をサッカー界のように華やかにしたいという大義があるから、ブレたりたじろいだりすることはまったくないのである。

戦後から1970年代ぐらいまでであれば、兵士として日中戦争や太平洋戦争で戦った経験のある人たちが指導者であり、指導される選手たちも戦後の貧しさのなかで育った若者たちだったから、軍隊式の指導法も通用した。

たとえば、早稲田《わせだ》大学競走部の名監督だった中村清《なかむらきよし》先生は戦時中、陸軍の憲兵隊長で、軍隊仕込みのスパルタ指導で瀬古利彦《せことしひこ》選手を世界的なランナーに育てたのである。しかし、それは実際に戦場から生きて帰ってきた人だからできる指導法であって、戦争のない豊かな日本で育った指導者が形だけ真似《まね》をしても効果が出るわけがない。

一方、社会が大きく変化した結果、若者たちは面白いことや楽しいことでなければ一生懸命やらなくなった。忍耐してまで苦しいことや地味なことをやるというスタイルはもう流行《はや》らないのだ。

それでも、百歩譲って指導者が選手と一緒になって苦行に挑戦するというのならまだ許せるが、自分は毎晩、晩酌をして安楽な生活をしながら、口だけで選手に苦行を強いている指導者は論外と言わざるをえない。

また、全日本クラスの強化合宿にもかかわらず、これからの陸上界をどのように盛り上げていこうかという話ならまだしも、古き良き時代が忘れられないのか、昔話と選手の悪口に華が咲く。そんな飲み会を誰のお金でやっているのだろうと想像しただけで、陸上界の未来に栄光はないと感じるのは私だけなのだろうか……。

指導者どうしでも、カリスマ的な指導者の言っていることに服従するヒエラルキーが見られるが、もっと意見を言い合い、アイデアを出し合ってお互いが成長できるようになるのが望ましいと思う。

フィジカルトレーナーをなぜ招聘《しょうへい》したか

陸上界ではこれまで、厳しい練習や選手の躾などに強化の主軸を置いてきた。私が監督に就任した2004年当時、練習内容についてはどこの大学でも大差がなかった。私が高校生だった30年前とほとんど内容が変わっていなかった。補強トレーニングにしても、腕立て伏せ30回、腹筋30回、背筋30回を1セットで3セットなどといった昔ながらのメニューが行なわれていた。

私も監督に就任して昔ながらの練習計画を採用したが、就任後3年ぐらい経った頃から、「ちょっと待てよ。はたしてこれでいいのだろうか。他に何かやり方があるのではないか」と旧態依然たる練習内容に疑問を抱くようになった。とくに、速いランナーと遅いランナーの違いがどこにあるのか、競技会などで観察してみると、動きに違いがあることがわかってきた。

では、具体的に何をどう変えたらよいのか。何かいい方法がないかと模索《もさく》していたところ、スポーツ用品メーカーのアディダスからフィジカルトレーナーの中野《なかの》ジェームズ修一《しゅういち》さんを紹介された。

中野さんの話を聞いてみると、独自の理念とノウハウを持っていることがわかったので、「餅は餅屋に任せるのがいい。1年間は中野さんを信じてやってみよう」と決断した。それで、2014年から中野さんの指導でコアトレーニング（以下、コアトレ）とストレッチを導入したわけだが、ひとつだけ注文をしたのは「学生たちが自ら考えて実行できるような教え方をしてください」ということだった。

学生たちに「これやれ、あれやれ」と一方的な指示を与えるのではなく、「なぜ、これが必要なのか」について学生たちが自分で考え、行動できるようにしてほしいという要望である。中野さんがいなくなったら何もできないし、やらないというのでは無意味だから、その点だけお願いして、あとは好きにやってもらうことにした。

外部からトレーナーを入れることで、チームのスタイルが崩れるリスクはなかったのかと問われることがあるが、10年間におよぶ組織づくりのなかで、原イズムが浸透してチームとしての堅固《けんご》な土台ができていたので、次のステージとしてむしろ外部の指導者を招き入れるほうがチームの活性化につながると考えた。もっと早い段階であったら、マイナスの影響が出たかもしれない。

中野さんの指導は月数回のペースで行なわれたほか、夏合宿でも集中的な指導を受ける機会をつくった。内容は準備運動や走るための補強運動のやり方である。筋肉をつけたり体をつくったりするための運動ではなく、走るための補強運動が重要なのだが、陸上界ではそれまでやられていなかった。

実際に、中野さんにコアトレやストレッチを指導してもらい、半年を過ぎた頃から効果が目に見える形で現われ始めた。ひとつは、腕振りなど選手の動きにキレが増し、記録の向上にもつながったこと。もうひとつは、故障者の数が減ったことである。選手のフォームの変化を確認して、「ああ、これを求めていたのだ」と私自身、納得することができた。

このようにトレーニングについてもプロの指導を受けて変えていかないと、マラソンにしても1万メートルにしても、日本人ランナーがケニア人やエチオピア人らをはじめとした世界のトップランナーに勝つことはできないだろう。

中野さんの補強運動は『青トレ　青学駅伝チームのコアトレーニング&ストレッチ』（徳間書店）ですべて公開しているので、箱根駅伝出場をめざしている大学だけでなく、陸上競技をしている多くのアスリートにも参考にしていただきたい。

監督就任当初、私は中央学院大学や早稲田大学、東洋大学など強豪校の監督らの胸を借りて教えを請い、青学の選手を練習や合宿に参加させてもらったこともある。恩返しではないが、私のところに教えを請うてくる大学や選手にはアドバイスできることがたくさんあると思う。

初優勝後、東京国際大学の駅伝部が教えを請いに来たので、できるかぎりのアドバイスをしたところ、創部から5年目にして2016年正月の箱根駅伝で初出場を果たしている。また、ある女子トップチームの監督が拙著『逆転のメソッド』を読んで目標管理シートの活用を始め、力をつけつつある。

青学のメソッドは秘伝でも何でもない。著書で広く公開しているので、お役に立つなら使っていただいて一向に構わない。大事なのは、日本の陸上界をもっと華やかにし、発展させることである。

目標を管理することの意味

青学陸上部の名物となったのが、目標管理シートである。

これは、Ａ４用紙１枚にチームの目標と個人の目標を書き込んだものだ。目標はできるだけ数値化し、目標を達成するためにやるべきことをすべて書き出す。紙に書き出すことで、具体的な行動につながっていくのだ。

このシートを使って陸上部全体の目標、選手個人の目標を常に明確にするという基本はずっと変わっていない。ただ、長年にわたってシートを使っているので、シートの書き方がこなれ、より洗練された内容になってきたという感じを強くしている。

また、当初は私がものの考え方や書き方などを直接、指導してきたが、今は学生たちの間で教え合い、話し合って中身を充実させることができるようになった。

目標管理シートを使う際のポイントは、シートを書くことが目的ではないということだ。これは学生たちにも口酸《くちす》っぱく言っていることだが、きれいにまとめることが

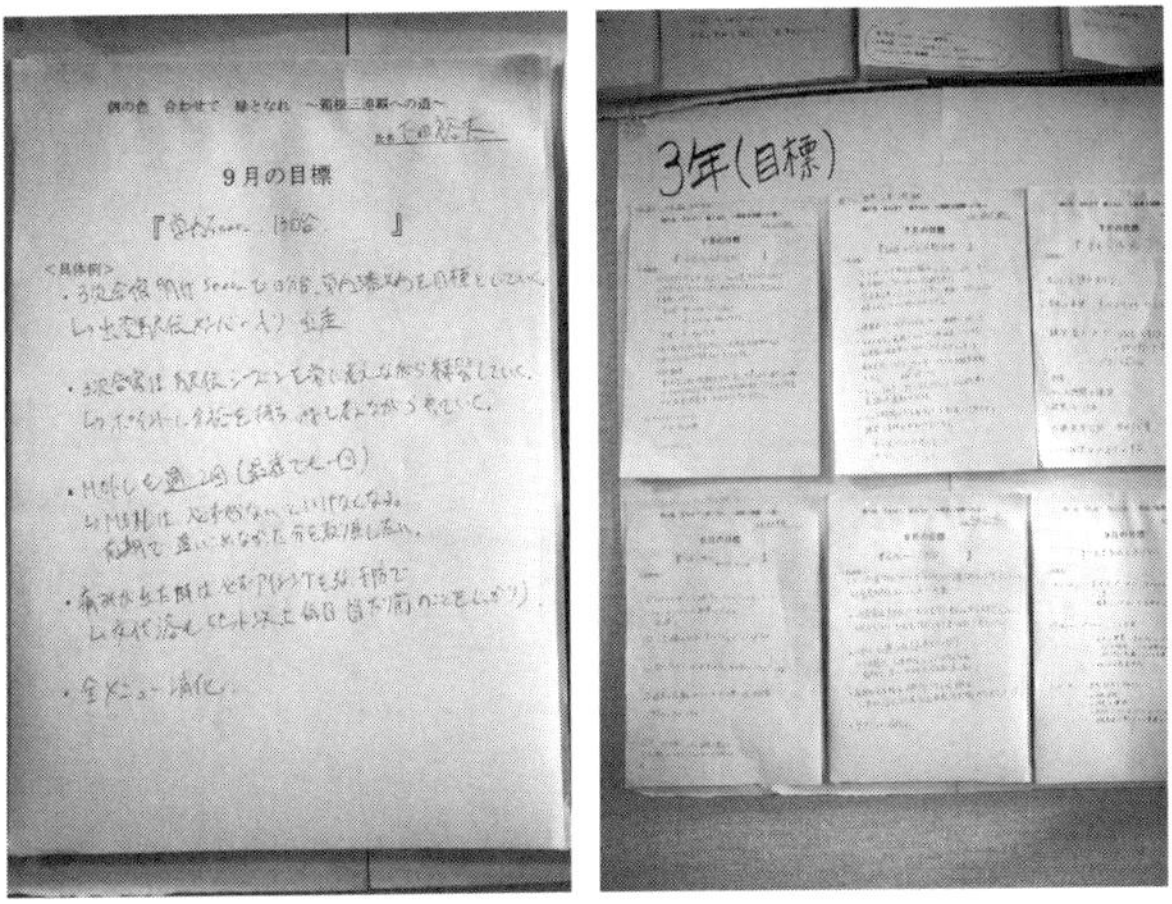

町田寮の壁に貼ってある目標管理シート

目標になったら、それは本末転倒と言わざるをえない。

目標管理シートの意味とは、目標管理ミーティングという手法を使って、自分が目標実現に向かってどのようなプロセスを歩んでいるかを「見える化」することであって、それだけのことである。その点を見誤ってはならないと思う。

1年生は高校でやったことのない作業なので、新鮮な気持ちで月1回の目標管理ミーティングに取り組む。それが2年生、3年生と学年が上がるにつれ、慣れるとともにミーティングが儀式化してくるため、中だるみになりがちだ。

ところが、4年生になると今度は自分たちが最終学年としてチームをまとめていかなければならないため、チーム運営と真摯《しんし》に向き合わざるをえない。その結果、目標管理ミーティングのよさが改めて実感できるようだ。

また、目標管理の考え方やミーティングで培ったプレゼン力、それにコミュニケーション能力が就職活動に大いに役立つため、改めて目標管理ミーティングを見直すことにもつながるようだ。とくに、就活の定番となったグループ討議ではリーダーシップを発揮できるので、好評だ。

目標を立てたら、その目標を達成できたかどうかを必ずチェックする必要がある。立てた目標をうやむやに終わらせてしまっては元も子もない。目標が達成できたかどうかを評価して、できなかった理由を明らかにして反省し、次の目標を立てる。その繰り返しが力となるわけだ。

青学の場合、選手それぞれが自己採点し、廊下に貼り出して「見える化」している。また、そのすべてに私も目を通すようにしている。

目標が達成できていない場合は、その主因が何なのかについて話し合う。単にサボッているから達成できないのか、病気やケガのためか、あまりにも高すぎた目標なのか。その選手の話をじっくり聞いて、主因を明らかにする。

自分の能力を過大に評価している選手は、自分の目標と合格点、自己採点のギャップが大きく、目標が達成できないだけでなく自己の過小評価につながってしまう。自分が仕上げた目標管理シートの内容について、6人ぐらいのグループで話し合うわけだが、自分がすごい人間だと思わせたいとか、恥ずかしいことは出したくないといった見栄《みえ》から、妄想を抱いてしまうケースもある。

だから、ギャップの大きい選手は個別に呼んで「君はいつも目標を達成できてない。目標ではなく、妄想になっているのではないか。もう一度、考えてみてほしい」と言って、問題提起をしている。

だから、そういう話し合いのときには個別指導になる。みんなの前でやりとりをするのでも、立ち話で雑談的に話すのでもなく、個室でふたりきりで真剣に向き合い、議論するのが一番いいと思う。その際のコツは、「あなたに伝えているのだ」「あなたのためを思って話している」というこちらの思いが伝わるようにすることだ。

陸上競技の指導は、指導者が1から10まで選手に指示を出し、リモコンカーのように操作して動かすスタイルが多いが、青学の場合、監督は選手に必要なコンセプトを与えるだけで、あとは選手自身が考えて実行していくスタイルを採っている。

私は選手たちの成功体験の積み重ねを重視しているが、それは青学の指導スタイルに基づいている。自分で考えて実行した場合、どんなに小さくても成果が出れば、大きな喜びになるからだ。成果を出した喜びがあれば、次はもっと頑張るに違いない。だから、青学では小さな成功体験を重視している。

結果が出たときにはきちんと誉めるし、「頑張って成果を出したときにはビッグパフォーマンスをしろ」と日頃から言っているのである。

競技会には規模の大中小があるが、それぞれの選手に相応の目標を持たせて、出場させるようにしている。やたらに出場しても「青学はこの程度か」と思われるのは癪《しゃく》に障《さわ》るし、本人も萎縮《いしゅく》してしまうだろう。

理論的な説明は、なぜ重要か

ただ「文句を言わずにやれ」「黙ってやれ」では、やらされ感が拭《ぬぐ》えない。だから、指導者は、いくらでも違うやり方があるなかで「何のためにこれをやるのか」「どういう理由でやるのか」「なぜこれが必要なのか」などを理論的に説明し、選手たちに納得してもらわなければならない。

というのも、どういうやり方があるかについては、インターネットで検索すれば情報が山ほど出てくる。つまり、物事の答えは、ネットの扉を開けば、いくらでも出てくるのだ。だから、それらのやり方のうち、どれを選ぶべきか、なぜその選択をするのかを教えるのが指導者の役割である。

あるいは、その選択をした場合でも、今は何をすべきか、１週間後にすべきことは何か、３年後には何をすべきかについても、やはり経験がないと判断できないだろう。指導者が「君の言っていることは正しいけれども、それは今やるべきことではない。なぜなら、かくかくしかじかであるからだ」と選手に説くことができれば、選手たちは納得して練習に取り組むことができるに違いない。

指導者のなかには日頃、「こうしろ。ああしろ」と命じてばかりいるのに「おまえ、頭使っていないんだよ。もっと考えろ」などと選手たちを叱る人がいるが、ふだんから自分で考える習慣を身につけさせていないのに、いきなり「考えろ」と言っても考えられっこない。言葉を自由に操れる人間に育てていないのに、いくら「考えろ。話をしろ。コミュニケーションをしろ」と言ってもできるわけがないのだ。

しかも、選手が自己主張したら「おまえには謙虚さがない」とか「文句を言うな」とか、頭から押さえつける。優勝したときですらガッツポーズにクレームを出すくらいだから、選手たちが萎縮して自己主張をしなくなるのは当然の成り行きである。

青学陸上部の場合、スカウトするときの条件のひとつにコミュニケーションのできることを挙げているため、自己主張やコミュニケーションが比較的に得意な選手たちが集まっている。

そうした人材が青学のチームで4年間にわたって鍛えられているわけだから、会社に就職して有能な即戦力になることは間違いない。

チームの目標と個別の目標

青学陸上部では、1年間の大きな流れのなかでチームとしての目標を掲げ、スケジュールを立てて計画を進めている。

ビッグイベントである3大駅伝と、それぞれの駅伝の前に行なう強化合宿、それに選考レースなどの日程を盛り込んだ大枠の練習計画書を作成し、実行していく。だから、合宿があって選考レースがあり、競技会の申し込み締切日があって、大会当日のレースがある。そして、チームが一丸となって3大駅伝に臨むのである。そのためにも、チーム内に平等感があることが必要となる。

最近は学生の領域を超えた大きなステージ、つまりマラソンやユニバーシアード、あるいはオリンピックなども活動領域に入ってきているが、これらはそれぞれの選手に個別に話をする。

たとえば、2月の東京マラソンや3月のびわ湖毎日マラソン大会については、夏合宿の時点でチーム全員に「マラソンやりたい者は手を挙げろ」と平等に呼びかける。これによって選手たちが平等感を持つと同時に、手を挙げた選手はマラソンに向けての意識づけをすることができる。

読者のなかには長距離走を経験した方もいるかもしれないが、長距離走というのはレースの当日だけ頑張ったからといって成果が出る競技ではない。あるいは、レースまでの1～2週間、1～2カ月の間、練習をしたからといって結果が出るようなものでもないのだ。最低でも半年、通常は1年間かけて、レースが開催されるXデーに向けて、計画的に練習を積み重ねていく。2020年の東京オリンピック出場をめざすのならば、2016年夏にブラジルで開催されたリオオリンピックが終わった直後からスタートする必要がある。

そうした長期のスパンで選手がものを考え、練習を進めていけるように、指導者はその選手の能力に応じた計画を立て、レールを敷《し》いてあげなければならない。マラソンランナーの育成に携《たずさ》わってわかったのは、箱根駅伝の強化と基本は変わらないということだった。駅伝もマラソンも目標を掲げて計画を立て、段階を踏んで一段一段、強化を進めていくだけの話である。

よく新聞や雑誌の記者から箱根駅伝の1週間前に「直前にはどういう練習をするの

か。どんな目的でやるのか」と聞かれるけれども、長距離走の場合、1週間前に何かやって本番でタイムを上げるような曲芸《きょくげい》はない。それまで1年間かけて練習してきた成果を本番で発揮するだけのことだ。

ちなみに、青学陸上部の日頃の練習についても紹介しておきたい。1週間のうち、私が練習を指示するメイン練習が3日、選手各人に任せる個別練習が3日ある。個別練習は選手が自分でメニューも作成して練習する。

とくにトラック競技の場合、1500メートル、5千メートル、1万メートル、ハーフマラソンと種目があり、どの競技の試合にいつ出場するかで、その試合に向けた練習の組み方が異なってくる。大枠の流れはこちらでつくるけれども、個別の練習については選手それぞれがスケジュールを作成し、私に提出させている。提出されたプランは必ず、私がチェックするようにしている。

メイン練習3日、個別練習3日という配分は、大学の講義などに配慮している面もあるが、メイン練習に集中させるためや、過労で故障するのを極力避けるため、あるいは選手の実力を最大限に伸ばす流れをつくるためといった狙いがある。

1週間で通して見ると、土曜日と日曜日がメイン練習、月曜日が完全休養、火曜日が個別練習、水曜日がメイン練習で、木曜日と金曜日が個別練習というスケジューリングが効率よく成長するサイクルになっているという実感を強くしている。

こうしたサイクルが確立したのは、私が監督に就任してから8年目の頃からで、それまではまさに試行錯誤の連続であった。たとえば、3日連続で合同練習をやり、2日個別練習をやるという5日のサイクルでやっていた時期もあるし、2日間合同練習、2日休みという4日のサイクルでやっていたこともある。

人生設計のなかで今を位置づける

本当は1年というようなスパンではなく、人生設計のなかで競技を位置づけるのがよいと思う。その選手が将来、サラリーマンになるのか、実業団に入って競技を続けるのか、あるいは陸上競技の指導者になるのかによって計画は大きく異なってくる。

青学の場合、選手の9割以上が大学を卒業してサラリーマンになるわけで、それを見据えたうえで陸上競技とどう向き合っていくかを考えるべきだ。

部員のなかでも指導者になりたい者やオリンピックをめざす者もいるので、日頃のコミュニケーションを通して志望を聞き出し、その部員の人生設計のなかに大学4年間をどう織り込んでいくかを私なりに考えている。

サラリーマンになる多くの部員にとって必要なのはコミュニケーション能力であり、基礎学力であり、目標管理能力であって、卒業後あるいは引退後のことを考えたら、「毎日、ただ走っているだけでいいのか」という問いかけが当然ながら必要になる。部員ひとりひとりがどういう人生を送るかを、常に追求していかねばならないわけだ。

このように人生設計といった大きな視野で物事を捉えていけば、毎日こなしているトレーニングの「やらされ感」がなくなり、「この練習は自分のためにやっているのだ」という実感が湧いてくる。

自分の人生を生きていくうえでのひとつの選択として陸上競技をやっているわけであって、あくまで自分自身のためにやっている。そう思うことができれば、ハードな練習も楽しくなるだろう。監督である私はあくまで、選手それぞれが人生設計のレールを敷く際のアドバイス係にすぎないのだと思っている。

目標を達成しようと努力するときのポイントは、ささいな、枝葉末節と思えるようなミスにあまりこだわらないことだ。

人を蹴落《けお》としたり、わざとサボッたりといった悪意のあるふるまいは見過ごさないけれども、一生懸命に努力するなかで起きたミスや失敗については、よっぽどひどい場合は別にして問題にしたりはしない。

たとえば、夏合宿は長丁場なので、疲労が溜《た》まる後半には手を抜くケースが散見されるようになるが、私はあえて見て見ぬふりをしている。そういうグレーゾーンをつくることが大切だと思うのだ。

それから、部を運営していくうえで部員が50名在籍すれば1番から50番まで必ず順位がつくわけで、仮にそのレースで50番になったとしても、その選手のいいところを見つけて誉めてあげるように努めている。

ピーキングの魔術～走りたくて仕方がない

私が進めているトレーニングは、足づくりから始まって有酸素領域を高め、無酸素領域を高め、有酸素と無酸素の領域を融合し、調整して作り上げるという内容になっている。つまり、物事を順序立てて進めることによって身体能力を高める方法を採っているわけだ。

目標としているレースで身体能力をピークに持っていくピーキングは、トラック競技の5千メートル走なのか、１５００メートルなのか、駅伝でも箱根駅伝なのか、出雲駅伝なのかで大分違ってくるが、準備開始からレースまで、だいたい3カ月を目安にしている。これがマラソンになると、前述したように最低でも半年は必要になる。

建築の例で説明するのがわかりやすい。家を建てる場合、まず土台を造ってから骨組みを造り、屋根をかぶせて壁を造り、内装工事をして備品を整備していく。陸上競技の場合も同じように、走り込み（土台づくり）から始めて、トレーニングを重ね、スピードを上げるトレーニングを加えていく。

平屋建ての家を建てるのであれば、土台はそれほど深く、がっちりしていなくてもいいが、高層ビルを建てる場合には基礎工事をしっかりしておかないと安全性が保てない。

箱根駅伝は高層ビル、マラソンは超高層ビルを建てるようなものだから、土台づくりが非常に重要になる。土台を疎かにすると、上に積み上げていく途中で倒れてしまうかもしれないからだ。

大事なのは、トレーニングのためにトレーニングをしないことだ。試合の前日までハードな練習を重ねて、スタートラインに立ったときにヘトヘトで力が発揮できないのでは本末転倒もいいところだ。ただアリバイをつくるために、いくら無目的にトレーニングをしても強くならない。

あくまで結果を出すためのトレーニングだから、トレーニングを重ねた結果、走りたくて仕方がないような状態でスタートラインに立たせることが目標となる。

初優勝したときの箱根駅伝、連覇した箱根駅伝、下田や一色が快走した東京マラソン、あるいは2015年7月に韓国で開催された夏季ユニバーシアード光州《こうしゅう》大会などがその典型的な例だと思う。光州大会では男子ハーフマラソンで小椋が優勝、一色が二位とワンツーフィニッシュを飾り、日本チームは団体で金メダルを獲得している。

3カ月かけて状態を仕上げておいて1週間ほど寝かせる期間を設け、選手が試合に出たくて仕方がない状態をつくってスタートラインに立たせる。これが、本番でベストを出すコツである。

ステーキでも、しばらく熟成させてから食べるほうが美味《おい》しいではないか。同じように、1週間ぐらい前に仕上げておいて、余裕をもって試合に臨ませる。この1週間ぐらい寝かせるというのがミソで、それ以上、寝かせておくと肉なら腐ってしまうわけで、そこの塩梅《あんばい》が重要になる。

指導者のなかには、試合前に本番同様のタイムトライアルをさせる人がいるが、この時期にタイムトライアルをさせることにはたして意味はあるのだろうか？　私に言わせると、その行為は指導者が不安で不安で仕方なく、現状を確認してホッとしたいだけだと思う。ピーキングは、こちらがある程度準備してあげないといけないはずだ。試合の数日前に試合をするなんて、本番の試合前にはすでにピーキングがずれていることになるのだ。

青学では、試合前にすべきトレーニングメニューも用意してあるが、逆に言えば、きちんと状態が仕上がっていれば、この期間に練習が十分にできなくとも心配ない。だから、選手たちには「全力で走るのは本番」「本番で一生懸命に走りなさい」と言っている。

周囲を味方につける意味

テレビ番組などのメディアに積極的に出るだけでなく、選手たちとファンとの交流タイムを設けるなど、広く周囲を味方につける方針を採っているが、これも大義に基づく活動の一環である。私としては、選手たちが注目を浴びることで、陸上界を華やかにする大義に貢献しているつもりである。

そもそも、人間というのは注目を浴びるとテンションが上がり、底知れぬ力を発揮するだけでなく、責任感も生まれてくる。また、ふだんからそういう場に慣れておけば、オリンピックなどの大舞台に出て、大観衆に囲まれたときでも緊張せずに済む。

箱根駅伝に初優勝した後、連覇した後には、全国のファンから山盛りのファンレターが届く。選手たちは休憩時間などに少しずつ読んでいるが、励《はげ》ましの手紙を読むと元気百倍になるものだ。あるいは、私が全国各地で講演すると、青学のパーカーを身に着けた人から声をかけられたり手を振られたりすることも多い。

東京・世田谷区の世田谷陸上競技会をはじめ、青学の選手が出場する記録会では「青学ふれあいタイム」を設けてファンと交流しているが、その情報がネットで広がり、私たちの陣地はいつも多くのファンに見守られている。

とくに世田谷の記録会は数年前まで観衆などほとんどいない殺風景な大会だったが、青学人気で観衆が増えただけでなく、青学の選手たちと一緒に走りたいという参加者が増え、他チームの選手も頑張るため、活気のある大会になっている。

陸上界の指導者のなかにはツイッターなどのＳＮＳを禁止する人がいるが、私はむしろ積極的に活用する方針を採っている。陸上界を華やかにするためのツールのひとつとしてＳＮＳなどを活用するのは、正しい方向性だと思う。指導者がトラブルを恐れて「あれをやってはいけない」「これもやってはいけない」と選手たちを押さえつけていると、斬新《ざんしん》な発想が出てこなくなる。

ツイッターなどは若者たちの文化だから、若者たちに任せるのがいい。記録会などに選手が出場するときは、マネージャーらが自分たちの判断でツイッターなどに情報を発信している。

話が脱線するが、先日、気晴らしに大浴場に入浴に行ったら、子どもが大きな風呂を見て興奮し、浴槽内で泳ぎ始めた。そうしたら、父親がすかさず「ここで泳いじゃダメ」と注意して止《や》めさせてしまった。

混んでいるときは別だが、空《す》いているときに子どもが風呂で泳ぐのは自然なことだ。だから、見て見ぬふりをして、笑って泳がせてあげればよいのだ。その子が舞い上がってはしゃぎすぎたら、近くにいる大人に「コラーッ」と怒られればいいだけの話だ。

その子はそうやって親に「あれダメ。これダメ」と躾けられて「いい子」に育つかもしれない。しかし、相手の顔色を見て自己主張をしない、コミュニケーションも取れない大人になってしまうかもしれない。それでは、その子の才能が台無しだ。しかも、何かあると、抑えられていたエネルギーが爆発する。サッカーの試合を見た後、東京渋谷の街で若者たちがはしゃぎまわるのもその一例だろう。

人間は怒られて成長するのに、いい子を装《よそお》っている者が多すぎる。

話を元に戻そう。テレビ番組に積極的に出演しているのは、きつくて暗い陸上競技のイメージを変えたいという意図からだが、選手たちには「これだけ頑張ったら、これだけのご褒美がもらえる」ということを実感してもらいたいと思っている。ご褒美というのは何も金品だけではなく、世間の注目を浴び、賞讃されることも含まれる。「まさか自分たちがあの有名タレントたちと並んであの番組に出るなんて」という特別感は、選手たちの大きな励みになるに違いない。もちろん、出たくないという選手を無理やりに引っ張り出したりはしない。

日本陸上界最高峰の日本陸上競技選手権大会（以下、日本選手権）の最終日の観客動員数は、Jリーグが発足する前のサッカー日本リーグの天皇杯決勝戦と互角で、どちらも閑古鳥《かんこどり》が鳴いていた。

サッカーはJリーグが発足して以来、すっかり華やかになり、好カードの試合であればサポーターが詰めかけて観客席が超満員になる。

一方、日本陸連は何の手も打ってこなかったから、依然として陸上競技の大会は閑古鳥が鳴いている。

陸上の日本選手権は2016年で100回大会を迎えたが、観衆は2万5千人だった。名古屋のスタジアムだったから満員になったが、国立競技場であれば、半分しか埋まらない数である。

注目されていない大会で、選手が奮起せず、自己ベストが出にくくなるのは仕方がないことだ。

新陳代謝をどう実現するか

青学陸上部では、4年生の卒業を前に年に一度の部員の入れ替えが行なわれ、新チームがスタートするが、それだけでなく、3大駅伝のメンバーなどもその都度、替わっていく。

こうした新陳代謝は組織に必須《ひっす》のことだが、もっとも重要なことは平等感である。

部員が平等感を持つ、つまり公平だと感じることが大前提になる。

そのためには、その選手の努力や成績の善し悪しを具体的に伝えることが重要だ。青学は平等感を大事にするので、4年だからという理由だけで駅伝メンバーに起用したりしない。1年でも強ければ、使うのは当然のことだ。

それから、期限を設けて挑戦させることも心がけている。これはマネージャー起用の例がわかりやすい。

部員全員が選手として箱根駅伝に出場することをめざしているわけだから、マネージャーになりたいという者はめったにいない。だから、多くは故障して走れなくなった部員に声をかけてマネージャーになってもらうのだが、「もう少し頑張ればレギュラーになれたのに、監督に言われたから仕方なくマネージャーになった」と思うようではダメなわけだ。その選手が不完全燃焼だと一生、悔いが残るかもしれない。

そうではなくて、「自分は選手としては限界だ。それなら、チームのために働こう」と本人が自覚したうえでマネージャーを引き受けるのなら、その選手の人生にとっても、むしろプラスが多いと思う。そのためには、期限を設けてチャレンジさせることが大切だ。

2015年の初優勝を支えたマネージャーの高木聖也《たかきせいや》の場合、ケガをして治る見込みが低かった。しかし、本人は「何としてもケガを治して走る」と言って聞かないので、目標と期限を設けてチャレンジさせることにした。目標が達成できなかったとき、本人が納得して私に申し出てくるような仕掛けをつくったわけだ。

こうした選手からマネージャーへのコンバートもすでにルール化され、1年生の終わりに5千メートルで14分35秒という標準タイムを切れるかどうかで決まることになっている。入学から1年間にわたってトレーニングを積み重ねて14分35秒を切れたら、選手生活を続けるということだ。実はこの14分35秒にもちゃんとした根拠がある。関東インカレ二部5千メートルの参加標準記録である。大学の体育会陸上部として最低限走ってもらいたいタイム設定だと理解している。

逆に、この標準タイムを切れなかった者は引退するか、マネージャーなどに転身することになる。取り組みの姿勢が定まっていない学生や1年間ずっとモチベーションを維持できない学生もおり、事前にルールをきちんと伝えておく。

マネージャーは専門性が高いので、4年生から始めても巧《うま》くできるものではない。だから、選手からマネージャーへのコンバートは遅くとも3年生の時点までに行なう必要があるだろう。本人が「マネージャーをやらせてほしい」と言ってくるケースもあるが、その選手がマネージャーをやったほうがチームとしてメリットが大きいと考えたときには、私のほうからお願いすることもある。

チームの新陳代謝の大きな要素は、新入部員の参加であるから、やはりスカウティングが重要になる。

青学の場合、コネクションで採ることは、今ではもうない。それは、採った本人が不幸になるからだ。これだけレベルが高くなってしまうと、実力が伴わない選手をスカウトしてもレギュラーになれないだけでなく、練習に付いていけないために辛いばかりだ。

だから、ガイドラインを設けて基準をクリアした高校生を採っているが、ボーダーライン上でどちらを採ろうか迷ったときは、チームにとってプラスになると思う高校生を採ることにしている。

その際のポイントは、ふたつある。明るく元気な生徒であることと、故障が少なく丈夫な選手であることだ。

練習にまじめに取り組み、頑張る子。準備運動や補強トレーニングも疎かにせず、きちんとやる子。こういう選手はチームの模範になるので、積極的に採りたいと思う。

それから、強くなくてもきちんと自己主張ができる子はレギュラーになれなくても、2軍のリーダーになれるので、欲しい人材だ。

あとは、陸上競技が好きで、こだわりを持って取り組んでいる子は、ついつい残したいという気になる。

10年ほど前はフォームがきれいな子や動きの機敏《きびん》な子を採っていたが、そうした特性は大学4年間で十二分に改善できることがわかり、今はスカウティングのポイントからは外れている。

青学の陸上部はすでに述べたように「青トレ」と呼ばれる独自の補強トレーニングをやっており、青トレをやることによって、ほぼ全員がフォームを改善できることが実証されている。要するに、補強トレーニングによって、足まわりや腕まわりなど、走るのに重要なパーツ（筋肉）を改良できるということだ。

だから、スカウトでも、フォームが悪くてもタイムのいい子、つまりエンジン（心臓）にパワーのある選手を選ぶようにしている。脚や腕といったパーツと違って、心臓は取り換えることはできず、改良にも自ずと限界がある。そうであれば、排気量が1500ccのエンジンよりも、2500cc、3000ccのエンジンを積んでいる選手のほうが強くなる可能性が大きいのは当然のことだ。

キャッチフレーズはベタがいい

青学のエースとして2016年の箱根駅伝連覇に貢献した久保田和真が、2年生のとき、陸上部を辞めようと思い悩んだことがある。

通常であれば、まず選手の話をじっくり聞いたうえで、アドバイスをする。しかし、このときは久保田が「辞めたい」と周囲に漏らしていることが事前に耳に入っていたから、久保田が私のところに言いに来た際、先手を打って私のほうからズバッと言い渡した。

「君が結果を出そうが出せまいが、オレはそんなことは気にしていない。君がこの部にいること自体がチームにとってプラスなのだから、一緒に戦おう。だから、君はやるべきことを精一杯やったらいいんじゃないか」

この一言で、辞めようという久保田の気持ちはふっ切れたようだ。

言ってみれば、相手の出鼻をくじく奇襲《きしゅう》戦法であった。下世話な言い方をすれば、コツは女性を口説くのと同じである。私は伊達《だて》に50年も生きているわけではない。

私のキャラと言えば、何といってもチャラいキャッチフレーズであろう。

アンカーでキャプテンの出岐《でき》雄大《たけひろ》にエールを送った「マジンガーZ作戦」（2013年）、世羅《せら》高校の頭文字Sを使った「S作戦」、そして初優勝のときの「駒澤の独走はダメよ～ダメダメ！作戦」「ワクワク大作戦」、連覇のときの「ハッピー大作戦」などと名付けて話題をつくってきた。

どうやって言葉を選ぶのかと聞かれることがあるが、そのときのチームの状態やめざすべきものを素直に言葉にして表現しているだけのことだ。

まずは、明るい言葉がいい。しかも、ベタな言葉がいい。なぜなら、すぐに覚えられて、いつまでも人の心に残るからだ。

一度聞いて覚えられないような言葉、ダラダラした長い言葉は、端《はな》から除外される。頭に入らないような言葉は、すでにキャッチコピーでない。だから、ベタな言葉が第一条件である。そして、そのキャッチフレーズを聞いた人が、それぞれ想像を膨《ふく》らませるような発想の豊かな言葉が次の条件である。

聞いた人がいろいろと想像できるというのが、イコール言葉の魔法である。たとえば、ワクワクという言葉は人によって違う。百人百様のワクワクがあるわけだ。ハッピーもそう。人によって連想されることが違う。

こうしたキャッチフレーズの多くを、私は箱根駅伝を前にした12月10日の記者会見で発表してきたが、これには意図がある。

この記者会見には毎年出ているが、クソまじめでまったく面白みのない会見になってしまっていることに、かねてから疑問を持っていた。陸上界を華やかな世界にすることを大義としている私としては、夢のある記者会見に、もっと言えばショータイムに変えたいと思ってきたわけだ。

人間は「○○作戦」というネーミングが大好きである。だから、毎年粘り強く作戦の付いたキャッチフレーズを発表しつづけた結果、ついにワクワク大作戦でブレイクしたのである。

だから、２０１５年12月の会見で、記者のひとりが「原監督に質問です。今年の作戦名は何ですか」と聞いてくれたときは、思わずニンマリしたものだ。「○○作戦」というネーミングで記者会見を面白くするという私の作戦が成功したことを示す質問だったからだ。

そして、翌日の新聞には「青学、今回はハッピー大作戦」という大きな見出しが躍ったのである。

キャプテンは自《おの》ずと決まる

選手には駅伝の上り下りに強いといった身体的なものやメンタルの強さ弱さなど個性があるが、なかでもメンタルの弱さは改善の余地があるかもしれない。

私が日頃から実践しているのは、実力があるのに自信が持てない選手には「おまえは力があるのだから」と個別に声をかけ続けることだ。

日本体育大学長距離競技会でも世田谷陸上競技会でも、だいたい自己申告したタイムによって１組から最終組までランク分けされ、レースが行なわれる。その際、出場選手を格上の速いランナーと一緒に走らせたらベストが出ると思っている指導者がいるが、それは思い込みであって臨機応変に対応すべきである。

あえて格下のランナーと走らせて優勝させ、自信を持たせることのほうが有効なときもあり、その判断は時と場合によるのだ。格上のランナーたちと一緒に走って、彼らに引きずられて自己ベストは出たものの、順位がビリだったためにショックを受け、やる気をそがれることだってありうるのだ。

同じように、実力がないにもかかわらず意識を高めようと選手を重要なポジションに就かせる指導者がいる。たとえば、本人の自覚を促すためにキャプテンに据えるというのが典型的な例だ。しかし、それはちょっと違うのではないか。むしろ、ふだんから意識づけをしたうえで、ポジションに就かせるほうがよいと思う。

もちろん、最初からダメ出ししてチャンスを与えないのは言語道断《ごんごどうだん》である。できるかできないかわからないけれども、やらせてみるというチャレンジは大切なことだ。チャンスは平等に与えるべきなのだ。そして、やってみてダメだったら降ろせばいいだけの話だ。

会社組織であれば、ふだんから意識づけをしたうえで課長をやらせてみる。うまくいけばそれでいいし、ダメだったら降格する。ただし、一度降格しても、再度チャレンジして昇格できるしくみはつくっておかないといけない。

青学の場合、学年長制度を導入しており、部員たちで話し合って学年長を選んでいる。1年生にも学年長がいるが、1年生のときには何人もの選手に交代で学年長を経験させる。2年、3年は半年ごとに交代する。そうやって3年間をともに過ごすなかで周囲の評価が定まっていき、新チームのキャプテンが決まってくる。

人選は部員たちの話し合いで決まり、私は承認するだけである。ただし、青学のチームカラーを塗り替えられてはチームがおかしくなってしまうので、選出された新キャプテン、新学年長に対しては私のほうから話をして自覚を促している。

部員たちが決めた人選を承認しなかったことは過去にないが、一度だけキャプテンの人選を突き返したことがある。

本人の前で「おまえに務まるか。オレはできると思わない。もう一度、話し合ってくれ」と言って、人選を差し戻したのだ。というのも、その選手がどこまで自覚して引き受けたかを確認したかったからだ。

しばらくして再検討した結果が上がってきたが、人選は変わっていなかった。しかし、私が一度突き返したことで、彼の自覚は比較にならないほど深いものになったと思う。それで魂《たましい》が入ったのだ。

青学陸上部のキャプテンは2年も3年も続く実業団のケースと違って、4年生になって1年限りのポジションである。しかも、大学生である部員たちをまとめ、監督との橋渡し役も務めなければならないから、それなりの覚悟を持ってもらわないと困る。「みんなから『おまえやれ』と言われたから来ました」というようなお軽い気持ちではとても務まらない重責だ。その重みを自覚できないようなら、初めから引き受けないほうがいい。

好調不調をコントロールする

テレビを見ていると、オリンピックで金メダルを取った直後のインタビューで「次なる目標は何ですか」と聞いているのを見かけるが、つくづく邪道だと思う。「試合が終わったばかりなのに、そんなことを聞くなよ」と嫌な気持ちになるのだ。

人間はそもそも、1年365日1日24時間ずっと気を張ったままで過ごすことは不可能だ。人間はサボるもので、緊張感はそれほど続かないという人間観が前提にある。だから、当然のように失敗をする。失敗をしたときにどう起き上がるかというところを見てあげるのが指導者の役割になるわけだ。

そうは言っても、1年単位のチームで12カ月のなかでは、ここはどんなにしんどくても絶対に頑張らなければいけないハードルというものがある。だから、前述したように悪意を持った失敗は怒るけれども、そうでない場合はニュートラルな領域を設けて柔軟に対応することが求められる。

陸上競技の場合、これまでは365日1日も休みなく張りつめた空気のなかでやれという指導が主流で、シーズンオフというものがないのが実態だった。これでは息が詰まってしまうだけでなく、いい結果も出なくなってしまう。

そこで、青学の場合、箱根駅伝を走った選手たちについては「走りたくなったら言ってこいな」と告げて、1月いっぱいは「放牧《ほうぼく》」と称して集団練習からは外し、自由にさせている。その背景には、人間は気力を持続できないという基本認識があるのだ。

同様に選手の調子にも波があって、いい状態をずっとキープするのは無理である。だから、その波の幅をできるだけ小さくし、上り調子の波をどれだけ高く大きくするかがポイントになってくる。調子の波がぐっと下がった時期には、休んでも構わない。むしろきちっと休んで気力を回復して復帰したほうが、いい結果を残せるだろう。

また、箱根駅伝や他の試合の期日や流れは決められたもので、自分で勝手に変えるわけにはいかない。だから、本人の都合で起用したりしなかったりするご都合主義ではなく、全体のスケジュール管理を部員たちにきちんと伝えて、体調の波を自分でコントロールしてもらわなければならない。

要するに、トップランナーというのは、大会の前に調子を上げてくることができる選手のことを言う。どの選手にも調子の波があるが、その振れ幅が上方に向いているのだ。そして、監督の思い描く波長と選手の波長がだいたい合ってくれば、いい結果が出る。

なかでも、振れ幅の大きいのが天才の特徴だ。青学で言えば、久保田や秋山隊長、田村和希らは振れ幅が大きく、箱根駅伝などの大舞台で最大の力を発揮するが、試合の後はドーンと落ちてしまう。

秋山隊長の場合、春先は花粉症で、薬の影響もあるのではないかと思うが完全に戦《せん》意《い》喪《そう》失《しつ》状態だ。そういうときに「何してる。頑張らんか」と急《せ》かしても頑張れない。無理なのだ。だから、症状がよくなるまで寝かせておくのがいい。

一方、2流のランナーはご都合主義でやっているから、自分のベクトルと大会のベクトルが合わず、実力を発揮できない。それはなぜかというと、1年スパンのスケジュールのなかで調整をしていないからだ。そういう選手は自分のテンションが上がったときは好成績を残すが、テンションが下がったときにはミスマッチングが発生し、成果を出すことができない。

繰り返しになるが、ずっと好調を保つのはそもそも無理である。

その原則の上に立って、好調不調の波をうまくコントロールして大舞台で力を発揮するのがトップランナーであり、選手が力を発揮できるように持っていくのが監督の腕の見せどころでもある。

試合に出られない選手のモチベーションをどう保つか

レギュラーに入れない選手、補欠にも入れない部員をどうするか。この課題には、個別の原則で対応する。

日頃から目標管理ミーティングで、それぞれの能力に応じた目標設定と評価・反省を行なっているわけだから、その議論に基づいて本人と現実的な話をしていく。

青学陸上部には部員が49人いる（2016年8月末現在）が、メイン・イベントである年に1回の箱根駅伝には10人しか出られない。それは厳粛《げんしゆく》なる事実であるから、日頃からさまざまなルールのなかで、機会を平等に与えている。だから、出場に漏れたからといって「もっと練習しておけばよかった」とか「もうちょっと頑張ったら入れたのに」とか後ろ向きのことは言わないのが、青学の流儀だ。

すでに述べたように、やる気は持続しない。やる気がなくなったり出てきたりして生きていくのが人間だから、やる気をなくした時期にボトムのラインをどう保っていくかがポイントになる。

このやる気をなくした選手の対処についても、駅伝前の熟成期と同じように寝かせる期間を設けないといけない。たとえば、箱根駅伝の出場に漏れてやる気をなくした直後に、「おい、何やってんだ。しっかりしろ」と叱咤《しった》する必要はまったくない。しばらく、放っておいて寝かせてから「どうだ。少し落ち着いたか。そろそろ元気出せ。これからどうしたい」と声をかけるのがいい。

時が来たら自分で立ち直って、また練習しはじめるのだから、そこで要らぬチャチャ（お節介）を入れないことが肝心だ。というのも、何度も言うように、本人が自分で考えて実行するのが青学のスタイルだからだ。落ち込んだからといって、私が選手の首根っこをつかんで無理やり引き上げるようなことはしない。その間、監督は辛抱の一言だ。

ひどく落ち込んだ場合には、あえて無視を決めて1～3カ月もそのままにしておくケースもある。ときどき、「おまえ、まだ冬眠《とうみん》しとるのか」とか「そろそろ、元気出したほうがいいんじゃないか」「おい、箱根駅伝まで2カ月だぞ」などと、前向きになるきっかけとなるようなキャッチーな言葉を投げかける。それでも立ち直りのきざしが見えないときには、これは1対1で真剣に話し合うしかない。

選手たちがやる気を失う一番の原因はやはり勉強だ。とくに試験期間中に、勉強があまり得意でない子に陸上のことでとやかく言ったら心を病《や》んでしまう。それぞれに受け入れられる脳のキャパ、体力のキャパがあるのだから、それを見定めてローテンションのときは寝かせることにしている。

そして、それ以上放っておいたら倒れてしまうというポイントをつかみ、サポートするのが大事なことだ。そのためには、日頃からアンテナを張り巡らせていないとダメで、私が妻と一緒に寮に住み込んでいることが大きな意味を持つのだ。

チャラくてハッピーというのが青学陸上部のイメージだが、いつもホノボノとしているわけではない。

私自身も、時には非情になることがある。たとえば、レギュラーの選手でもあえて２寮に行かせることがよくある。

青学の陸上部員は陸上部専用の町田寮（通称１寮）と借り上げた３ＬＤＫの民間アパート（通称２寮）のふたつに分かれて暮らしている。１寮はいわば１軍選手の寮で、妻の美穂が寮母として食事の世話や健康管理をはじめ、風呂の準備、ゴミの片づけなどのサポートをしているが、２寮では食事も身の回りのこともすべて自分でやらなければならない。食事は寮から５００メートルほど離れた大学の学食で食べ、練習が終わると暗い部屋に帰って自分たちで電気を点《つ》けなければならない。

もっとも、１軍と２軍といっても設定タイムが違うだけで、練習内容は同じである。

しかも、１軍の選手でも２寮に行かせることがある。毎年、夏合宿が終わった直後に１寮と２寮の入れ替えを行なっているが、１寮から２寮に替わる者はかなりのショックだろう。箱根駅伝に出場した選手では、キャプテンの藤川拓也をはじめ、久保田和真、渡邉利典、渡邉心、池田生成らも行かせている。

それは、自分の弱さを気付かせるためだったり、やる気のスイッチを入れるタイミングを見はかるためだったりする。そのために、意地悪ではなく、彼らの成長を願ってあえて非情になるのだ。2寮で暮らす間に、「こんなところで燻《くすぶ》っている場合じゃない」という思いも強くなるだろう。

ペナルティは必要か

どんな組織でも、ペナルティは必要だ。

悪いことをしたら罰を与えるべきだが、その人たちが心底、悪人かどうかはまた別問題である。その人にはペナルティをきっかけにマイナスをプラスに変えてほしいし、罰を受けて謝罪した後は、周りの人たちも悪いヤツだというレッテルを張らずに再起を見守ってあげてほしいと思う。

青学陸上部の場合、当番制で寮内の掃除をしているが、遅刻をしたりするとペナルティとして1週間続けて掃除当番をすることがある。

最近はペナルティを科すような悪い素行はほとんどないが、以前にはこんなケースがあった。掃除当番は掃除が終わると、ボードに「○○（名前）、掃除をしました。○月×日」と書くことになっているが、掃除をしていないのにボードに掃除したと書いてバレてしまったのだ。これは明らかに悪意を持ってサボったわけだから、私は当然ながら厳しく叱った。

掃除し忘れた部屋があったというようなうっかりミスであれば、目くじら立ててワアワア言う筋合いのものではない。「次はきちんとやろう」で終わりだが、嘘つきはそういうわけにはいかない。

あるいは食事をしているときに、自分が使ったところで醤油《しょうゆ》差しの醤油がなくなったとき、知らんぷりして注《つ》ぎ足さずに放置したら、それも怒る。次に使う人のことを考えて追加するのが当たり前であって、それができずに自分のことしか考えられないようでは社会に出ても役に立たない人間になってしまうからだ。

昔からのペナルティに髪の毛を刈って丸刈りにするというのがあるが、軍国主義的な発想だから私は命じたことがない。ただ、部員が反省の意を示すために自発的に丸刈りにしてくることはある。

ペナルティを科すときに気をつけたいのは、ペナルティを受けることで本人が満足してしまうケースだ。掃除を1週間やったから、もういいじゃないかというわけだが、それは違う。なぜペナルティを受けたのか、これをきっかけに何をどうするかという反省と自覚が本人にないと、また同じミスをすることになる。

青学陸上部の指導スタイルは、選手の自主性を育てることで、結果として会社に入った後に有能な管理職としてマネジメントができるようになる仕掛けをしているので、もし卒業後に陸上やスポーツの指導者になっても、あるいは自営業者になっても十分に通用する人間になると思う。

先を見据えて目標を掲げ、それに向けて計画を立ててメニューをこなしていくという一連のプロセスはどの組織でも同じなので、青学陸上部で4年間を過ごした学生は何をやるにしても力を発揮するに違いない。

ミーティングでコミュニケーション能力を鍛えているから、大人との会話もうまいものだ。テレビや新聞のインタビュアーが来たり、いろいろなお客さんが訪ねてきたりしたときも、「お宅の部員さんは自分の言葉で話せますね。輝いていますよ」と誉められる。

箱根駅伝への出場をめざしていた頃は、他大学の戦力や練習方法などを徹底的に研究したが、初優勝してからは情報収集を続けているものの、他大学のことはそれほど気にせず、青学のスタイルを極《きわ》めてチーム力をさらに向上させる方向で努力している。

むしろ気になり出したのは実業団のトップランナーたちとどう戦うか、あるいはオリンピックや世界選手権でどう戦うかということである。

結果を出せるチームの条件

青学の駅伝チームはレギュラー10人、陸上部全体でも約50人の組織だが、数百人単位の会社組織も駅伝チームもマネジメントの根本は同じだと思う。

大事なのは、組織の看板となる哲学を掲げることだ。

青学陸上部の場合で言えば、次のような三カ条が哲学となった。監督就任1年目の

２００４年に選手たちに伝え、寮の玄関ロビーに貼り出した言葉である。

（1）感動を人からもらうのではなく、感動を与えることのできる人間になろう。
（2）今日のことは今日やろう。明日はまた明日やるべきことがある。
（3）人間の能力に大きな差はない。あるとすれば、それは熱意の差だ。

このチーム哲学は、今に至るまで変わらずにチームの屋台骨《やたいぼね》となっている。

こうした言葉は、会社で言えば、経営方針とか行動指針に当たるものだ。言ってみれば、組織の憲法である。

哲学をもとに活動するという意味では、数人のチームだろうと、数百人の会社であろうと、中国電力のような数万人規模の大企業であろうと同じことだ。個人の哲学ではなく、組織の哲学を掲げて活動をするわけだ。

青学陸上部の場合は、組織の哲学のほかに箱根駅伝優勝という大義もある。また、物事を決めていくときには、必ず全体ミーティングを開いて決定するという民主的なルールも定着している。最低でも月に1回、場合によっては月に2〜3回開かれる集会で、病気などの場合を別として、全員が集まって話し合いをするのだ。

その際、監督である私のメッセージが全員に直接伝えられること、平等に伝えられることがとても大事なポイントになっている。

それは社員が数百人規模の会社でも、数万人規模の大企業でも原則は同じだと思う。別に東京ドームに社員を集めなくても、社長がスカイプなどインターネット中継で、メッセージを発信すればよい。直接に、かつ平等に伝えられることが大切だ。

また、文章ではなく動画で見せないとダメだ。同じ「バカたれ!」という叱咤でも、口調によって伝わるものがまったく違ってくるからだ。社長のメッセージを各課の課長が代読してもあまり意味がないと私は思っている。

社長のメッセージが直接、動画で社員全員に届いたら、次に文書も配布する。社長が言いたいこととのニュアンスは動画で見聞きしてわかっているから、文書を読み直して内容を確認すればいいのだ。

要は、組織全体として意識を共有できればいい。そこに、社長がダイレクトにメッセージを発信する意味がある。トップからのメッセージを受けて、組織は全力をあげて課題にチャレンジするだろう。

青学陸上部では部員各人の自主性を重んじているが、もちろん組織である以上、外してはならないルールがある。

それは、嘘をつかないこと、相手を裏切らないこと。要するに、人間として当たり前のことを守るということだ。

果敢《かかん》にチャレンジして失敗するのは問題ない。しかし、嘘をついてチャレンジするのはダメだ。やはり、人間としてどうあるべきかという根本がベースにないと、実践もへったくれもなくなってしまう。

監督に就任した頃のことだから、もう10年以上前のエピソードだが、私が部員たちを怒ったのは門限破りを隠すための代返だ。

代返と言っても、大学のように講義に出ていない学生のために代わりに返事をしてあげるのではなく、代わりに札を返す代返だ。寮に帰っていない先輩の代わりに、後輩が外出を示す赤札を裏返して在寮を示す白札にしていたのだ。たまたま、その部員が寮にいないことが発覚して代返の事実が明らかになった。

このときは、満身の力を込めて怒鳴《どな》り付けたのを覚えている。

結果を出せる組織づくりで、もうひとつポイントを挙げるとすれば、ムダをムダと思わずに突き進むことだ。一見ムダのように見えても、実は結果につながることが多々あるからだ。

たとえば、朝練習をするため、寮から600メートルほど離れた競技場に移動して練習するときに、白札を赤札に裏返すのを忘れてくる部員がいる。途中で気がついて申告するわけだが、そのときに「まあ、今回はいいよ。次回から気をつけるように」で済まさずに、必ず寮に帰らせている。そして、自分で札を裏返して、また集合場所に戻ってこさせる。

その間、その部員が戻ってくるまで、全員が朝練習を始めずに待っているのだ。

「わざわざ戻らせなくてもいいじゃないか」「そこまでやらなくてもいいじゃないか」という発想もあるだろう。

しかし、組織で戦っている以上、ここが肝心なところだと私は確信する。そして、大切なことに対してはやはり、強いこだわりを持つべきだと思うのだ。

一見ムダに見えるけれども、こんなささいなことが箱根駅伝での優勝という私たちの大義に大いに役に立っていると私は考えている。

第4章　個人を指導する秘訣

個性豊かな選手たち

青学の陸上部には個性豊かな選手たちが集まっているが、それぞれの個性に合わせるというよりは、一体感を大事にするのが私の指導方針である。だから、チームの一員として守らなければならない最低限の約束事は当然、守ることが前提となる。

私が監督に就任して以来、12年の歴史のなかでチームのベースとなる物事の考え方や守るべきルールが定着したので、ベースづくりに時間や労力をかけなくてもよい段階に到達した。だから、そのベースの上に立って、選手それぞれの目標や考え方をより尊重する組織へと、青学陸上部は変貌を遂げつつある。

チームの一体感をベースにしながら、その上積み部分として選手の個性も尊重する。こうした新しい青学カラーを象徴的に示したのが、2016年のキャッチフレーズである。

「個の色　合わせて　緑となれ」

選手はそれぞれ新チーム発足後１月～３月にかけての冬のロードレース、春から夏にかけてのトラックレースで自分の色を出して目標を追求するが、秋以後は箱根駅伝という共通の目標に向けて、青学のチームカラーである緑になれという意味である。いろいろな色の絵具をかき混ぜたら最後は黒に近づいてしまうが、黒になっては元も子もない。それぞれの色が輝いたうえで、最終的にはチームカラー緑になることをめざす必要がある。

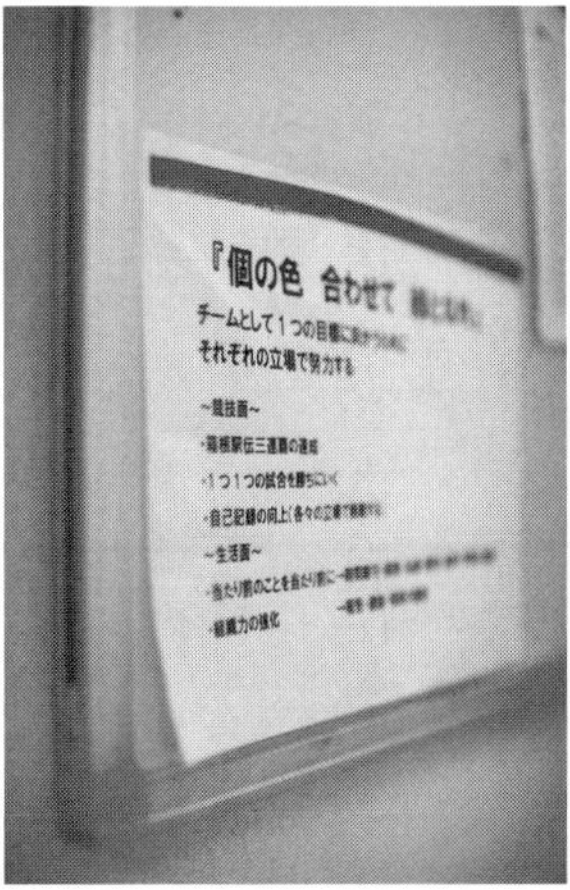

箱根駅伝に連覇・完全優勝した後、新体制がスタートしたが、２月から３月にかけてはリオオリンピックの代表選考を兼ねた東京マラソンに出場した者をはじめ、日本インカレや日本学生陸上競技個人選手権にチャレンジした者、各種記録会に参加した者に分かれ、それぞれの目標に挑んだのである。

しかし、夏合宿も終わると、駅伝シーズンに向けてチームの一体感が自然に高まってくる。それは、青学陸上部のベースとなる哲学や心構えが部員ひとりひとりに定着しているからこそできる芸当なのだ。

タイプ別指導法

選手にはさまざまな個性があるわけだが、「こういうタイプの選手にはどういう指導をしたらよいか」と聞かれることも多い。そういうときには、私だったらどういう指導をするか、私流の指導法を説いている。

ここでは、一問一答的にタイプ別指導法を記してみたい。

Q1・試合に勝って天狗になる選手をどう指導すればよいか

結論から言うと、天狗にならせたらいいというのが私の考えだ。これまでの陸上界は出る杭を打つ指導が主流だったが、私は逆だと思う。下手に押さえないほうがいい。そこで押さえると、その選手の成長を止めることになりかねない。

だから、派手な子は派手にさせたらいい。それがその子の個性なのだから、目立ちたがり屋はどんどん目立たせればいい。

ただし、そのベースにはこの10年余りに積み上げた青学のスタイルがある。部員ひとりひとりに嘘をつかないとか、仲間を裏切らないとか基本的なルールが根づいているから、あえて逆を言うのであって、チームとしての一体感がないのに天狗にならせたら、チームが崩壊してしまうだろう。

人を蹴落とすような物言いや、バカにするような態度は許されないが、「ぼくはこうなりたい、ああなりたい」と夢を語るのはいいことではないだろうか。

そして、選手たちが伸びるタイミングで、しっかりと背中を押してあげることが指導者の役割である。自己ベストを出した途端に指導者が「おまえ、天狗になるなよ」と釘を刺したら、伸びるものも伸びなくなるのは当然だ。

人間というのは面白いもので、ずっと右肩上がりに伸びていくわけではない。階段を上るように、一段また一段とステップアップしていく。ある時点で実力がワンランク上に上がったら、そのレベルを記憶して繰り返しできるようになる。そこで実力が定着するので、伸びるタイミングを見誤らずに伸ばしてあげるのがいい。そして、その選手のステージが上がった段階で、自信とプライドを持たせるようにするのだ。

私は「ここが伸びるタイミングだ」と見計らったとき、その選手に励ましの声をかける。たとえば、「これで学生ナンバーワンになれるね」とか「オリンピックはオレたちと関係ない世界だと思っていたけど、こりゃ東京はチャンスがあるぞ」といった前向きな、チャレンジ志向の声かけである。

リオオリンピックでのマラソン大惨敗は、われわれにとってまたとないチャンスでもある。今回出場した日本代表たちはみな30代なので、4年後の東京オリンピックでの出場が難しい。そうなると、下田や一色が候補に入ってくるだけでなく、同じように練習を積み、力をつけている青学の選手たちにも可能性が出てくる。つまり、身近にオリンピック出場をめざす選手がいることで、夢物語の世界だったオリンピックが俄然《がぜん》、現実味を帯びてくるわけだ。

夏合宿は箱根駅伝の下地づくりの意味があるが、かなりハードな内容になっている。合宿に入る前に私は選手たちに「マラソンのことを考えたら、夏の走り込みは決してしんどいことじゃない。マラソンへのステップにすぎない」と伝えた。その結果、選手たちのやる気も取り組みの姿勢も大きく変わった。「マラソンに比べたら、これぐらいはヘッチャラだ」という前向きな考えが持てたからである。

Q2・実力があるのに力を出し切れない選手にはどう対処したらよいか

実力を出し切れない選手には、ランクが少し下の大会や競技会に参加させる。そこで優勝争いに絡むことによって自信を持たせ、成功体験を積み上げていく。

たとえば、池田生成は3年のとき、関東インカレのハーフマラソンに出場して初優勝を遂げた。3年時の箱根駅伝には故障して出場できなかったが、4年で関東インカレのハーフマラソン連覇を果たした。それは堂々たるもので、大学4年目にして初の箱根駅伝に出場するチャンスがまわってくるかもしれない。

しかし、3年時に関東インカレに出場したとき、池田が優勝するとはチームの誰も思っていなかった。私も実は、池田がそこまでの力を持っているとは思っていなかったのだ。

池田は、私が「走っとけ」と言ったら何時間でも走っているようなまじめな性格である。寮の掃除もしっかりやるし、何よりも嘘がつけない。しかし、なかなか自分に自信が持てないだけでなく、本番になると緊張して体がガチガチになり、実力が発揮できないタイプだった。そこで、私は試合前の緊張をほぐすために、おチャラケた話をしたり、チョッカイをかけたりして緊張を解きほぐすことを心がけてきた。

おチャラケた話というのは、アイドルの話題や食べ物の話、彼女のことなどである。たとえば、「生成、それでおまえ、AKBの誰が好きなのよ（笑）」とか「おまえ、そんなに緊張していると、脇の下からエネルギーがぜ〜んぶ出ていっちゃうぞ」といったほんとうに他愛のない話である。そうやって私が余計なチョッカイをかけると、池田も「いいえ、そんなことないです。ちゃんとフタをしてますから（笑）」などと絶妙な受け答えをして、場が和《なご》んだのを覚えている。

転機は、3年時の関東インカレの前であった。地方で開催された小規模なロードレース（23キロ）に出場し、池田は優勝している。小さな大会ではあったが、その成功体験が大きな自信となって、1カ月後の関東インカレに余裕を持って臨んだ結果、見事に初優勝を果たしたのである。

Q3・スランプに陥《おちい》り、方向性を見失った選手にどう対応するか

スランプに陥った選手に対処する場合に大切なことは、その選手が取り組んでいることを認めてあげることだろう。「頑張れ。負けるな」ではなしに「よく頑張っているな。結果は後からついてくるから、今は辛抱しとけな」と声をかける。

「努力してもダメなこともある。でも、努力を止めてしまったら結果は出ない。だから、結果が出るとか出ないとかではなしに、今やるべきことをやるだけだ。おまえが頑張っていることはよくわかっている。オレが見守っているから、頑張れな」

当たり前だが、努力をしなければ成長しないから、結果が出る確率もほぼ0パーセントになってしまう。だから、スランプに陥っても努力を続けるしかないという現実を理解させることが大切になる。そのうえで、指導者が見守っていることを伝え、選手を励まし支えるのがいいと思う。

また、マネージャーや寮母である私の妻、それにチームメイトにも協力してもらい、「伸び悩んでいるけど、頑張っているね。私たちはちゃんと見ているよ」という

気持ちで本人と向き合い、ときには遠まわしでもいいからメッセージを伝えてもらうようにすることも大きな支えになるだろう。

Q4・調子にムラがある選手にはどう指導するか

選手のなかには調子のいいときは強いが、調子にムラがあり、好不調の波が大きい選手もいる。

私の場合、ムラのある選手が不調に陥ったときは放っておく。長距離種目の選手は基本的にまじめな人間が多く、努力を怠《おこた》っているわけではないから、調子が落ちたときに無理やり上げようとしても上がらない。だから、「おまえ、なぜできないんだ。みんな頑張っているじゃないか」というような言い方はしない。

基本的には放っておくのがよい。野放しである。遠目で見守っているだけで、声もかけたりしない。面白いことに、放置しておくとしばらくして復活してくる。

不調の期間が長く、なかなか復活してこないときには、たまにチョッカイをかけてみる。「おお、まだスイッチ入らんかぁ」とか、顔色を見ると多少元気になった様子が見て取れたときには「ようやく元気になったか」と声をかける。

たとえば、2016年の箱根駅伝の3区で区間賞を取った秋山隊長がその好例だ。秋山隊長の場合、2~3カ月もの間、不調が続いていた。

それで出場予定の大会の日程から逆算して3カ月前を切り、信号が青から黄色に変わった時点で、「もうそろそろスイッチを入れたほうがいいんじゃないの」とか「おい、3カ月を切ったぞ。もう時間がないぞ」といった言葉をかける。

目標の大会の4~5カ月前までは放置して泳がしておけばいいが、3カ月前がひとつのポイントで、そのラインを過ぎたら、ちょこちょこと声をかける必要が出てくる。その際には、現実をきちんと認識させるのが大事だ。

「もう復活しないと間に合わんよ。1カ月前にスイッチを入れても遅い。力を積み上げるには最低でも3カ月は必要だから。おまえ、そろそろスイッチ入れんと大会3カ月前にしてジ・エンドだぞ」

ただ、ムラがあるということは、逆に好調が来たときにすごい力を発揮することでもある。大会の1週間ほど前の時点で上り調子だと、本番でいい成績が期待できる。

上り調子で本番を迎えるか、下り調子で迎えるかを見極めるのが指導者の嗅覚《きゆうかく》であり、出場者をエントリーしなければならない駅伝の場合、そこがある種の賭けでもある。駅伝当日に上り調子と見たら、思い切って抜擢《ばつてき》することもありうる。

秋山隊長の場合、完璧に仕上がらなかったので、調整段階のタイムトライアルで何度か厳しい結果が出たこともあった。普通の指導者であれば、重要なタイムトライアルで合格しなかったら外してしまうかもしれないが、私は秋山隊長が駅伝までに調子を上げ力を発揮すると確信したため、起用したのである。結果は、大健闘であった。

調整はあくまでも試合で勝つためにやっていることだから、タイムトライアルで不合格でも、最後に上向きになると確信したときは使うべきである。

Q5・上り調子の選手をさらに乗せるためには何をするか

好調の選手の調子をさらに上げたいときにどうするかと言えば、やはりご褒美と個別感ではないか。

スポンサーであるメーカーがその選手個人にウェアからシューズ、サングラスにいたるまでサプライ（供与）するとか、世界レベルの大会から招待が来るとかいったご褒美があれば、頑張り度が違ってくる。青学というチームのバリューではなく、その選手個人の価値が認められるようなご褒美は奮起につながると思う。青学のAくんから、Aくんのいる青学へのランク・アップである。

青学陸上部のメンバーとしての評価から、その選手がいる青学というふうにフェーズ・チェンジするのは、本人にとってもすごく嬉しいことだ。ランクが上がってくると、当然のように練習もハードになるが、より夢を膨らませるような未来志向の言葉をかけてあげれば、乗り切っていけると思う。

ちなみに、青学の場合、平等感を大事にしているので、スポンサーからのサプライ商品はランキングに応じて配分している。つまり、このランクに入れば、これだけのサポートを得られるという内容がきちんと明文化されているのだ。サプライ商品について私は直接、関知していないが、結構サプライズな内容になっている。

ランキングはS・A・B・Cの4ランクで、1年がスタートする時点で発表する。1年間は降格がないが、競技会や大会、駅伝の3カ月前、調整に入る時点でランキング発表を行ない、競技会や大会、駅伝で優勝したり好成績を残したりした選手に対してはその都度、ランク・アップを公表している。

結果を勝ち取る頑張りに対する評価だけではなしに、ランク・アップしていくプロセスに対する評価であり、ある種のゲーム性の導入と言ってもよい。

Q6・レギュラーの選抜から漏れた選手をどうフォローするのか

青学の陸上部ではふだんから平等感を大切にした部の運営をしているから、レギュラーの選抜についても部員たちは比較的に冷静に受け入れられていると思う。

3大駅伝のエントリー選手をはじめ、競技会や大会に出場する選手の発表などを行なう重要なミーティングについては、必ず全部員参加の全体ミーティングにしているので、選考に漏れたからといって可哀そうだという雰囲気にはならない。もちろん、本人は悔しかったり落胆したりするだろうが、それが嫌なら人一倍努力して頑張ればいいだけの話である。

ただし、ギリギリのボーダーラインで甲乙《こうおつ》つけ難いケースも出てくる。そういうときには、選考から外れた選手に不満が残らないように、私のほうからなぜ選考に漏れたのかを具体的に説明し、最後に未来志向の言葉で「これこれこういうところを頑張ったら、来年は君にもチャンスがあると思うよ」というような課題を与えることにしている。

昔は「そんな説明では納得できません」という選手もいた。というのも、私と選手たちの向きあい方が中途半端だったからだ。「監督は好き嫌いで決めているのではないか」という不信感を持った選手は、そう簡単に納得することはできないだろう。

現在は、まずチームとして順調に勝ち上がり、結果を出しているし、私が抜擢した選手が区間新や区間賞を奪取することも多いため、「監督は平等に選んでいる」という信頼感がチーム内に定着し、成果にも現われるという好循環になっている。

Q7・集団の和を乱す選手にどう対応すべきか

チームの和を乱す選手が、ときたま出てくる。

こういう選手の特徴は、話をすり替えることだ。私と面と向かって1対1で話しているのに、「だって、Aくんもやっているじゃないですか」とか「他のチームではこういうことをやっている」とか、本筋から離れた話を持ち出し、屁理屈《へりくつ》で逃げようとするのだ。

そういうときには、すり替えた論点に乗ってはならない。しっかり向き合ったうえで「そんなことは、このことと関係ないだろう。オレはこの件について、おまえと話しているのだぞ」と言い含めなければならない。

そのうえで、期限を定めて「この日までにこうしなさい」と伝えて見守り、その刻限までにできなかったときは退部してもらうしか道がない。

大切なのは最初から切ったりせず、きちんとチャンスを与え、期限を設けて再起を待つことだ。

人間というのはそもそも失敗する動物であり、誰でも彼でも一律に成長するわけではない。だから、一生懸命やった子に対してはできるだけ誉めてあげるようにしている。その場合も単に誉めるのではなく、先を見させる。言い換えれば未来志向の捉え方、物の見方をさせるようにしている。

だから、「よく頑張ったね」という言い方ではなく、「次はこういったことに向かって頑張ろうね」という言い回しで奮起を促している。

悪意がないミスでも、短期間に二度も三度も同じミスを重ねたら、それは叱らざるをえない。

秋の駅伝シーズンを前に、テレビ局やマスコミからアンケート調査の依頼が来るのだが、青学では伝統的に「提出する書類は事細かに書きなさい」という指導をしており、陸上部でもその伝統に従っている。

だから、提出書類を書く際に適当に書いて終わりにしたり、名前を書き損じるなど初歩的なミスをしたりする子に対しては、やはり怒る。

なぜかと言ったら、自分自身のことを表現する大事な書類だからだ。他人のことについて書けと言っているのではなく、自分自身のことだから、きちんと書く。そんな最低限のことができないのはダメだという理屈である。

Q8・個人的な悩みを抱えている選手にどう関わるか

個人的な悩みには大学での勉強をはじめ、家族の問題や恋愛などもあるかもしれないが、デリケートな問題なので、みんなの前でオープンに話したりはせず、ふたりきりで膝《ひざ》を突き合わせて話すのがよいと思う。

私は寮母である妻の美穂と寮に住み込んでいるので、妻から情報が入ってくることもあるし、学生たちから耳に入ることもある。あるいは、顔つきやしぐさから感じ取ることもあるが、正直言ってまったくわからないこともある。

何といっても勉強についてはかなりの重圧がある。青学の場合、駅伝のスターだからといって試験の採点が甘くなるわけではなく、一般学生と勉強のしんどさに変わりはない。だから、とくに試験期間中に心を病む部員が出てきて、試験の前後には相談室で向き合うことが多くなる。

当然のことながら勉強の悩みが解消されないと、練習や試合に臨むテンションもグッと下がってしまう。過去には1年生の時点で勉強に付いていけず、部活が無理だと判断して部を辞めた子もいる。しかし、こればかりは大学生にとって永遠の課題でもあり、本人が解決するしかないだろう。

ただ、最近の大学生の勉強ぶりについて見聞きしていて感じるのは、情報収集の点では昔と比べて格段に楽になったということだ。昔は、図書館で文献の該当部分をコピーしたり古本屋で参考文献を買ったりして、そこから写し取って論文を書いた。

今はインターネットで検索すれば、だいたい参考文献や資料が出てきて、論文の一部をコピーして貼り付けるコピペをすることもできる。学生たちが参考にしている論文も参考文献や資料からの引用が主になっているから、なかなか新しい論理や視点を創出するのは難しいだろう。新しいものを生み出す発想は、残念ながら乏《とぼ》しいのではないか。

恋愛については私たちの若い頃と違って、今時の大学生たちは本気でのめり込むことが少ないようだ。首ったけの彼女に振られたり、逆に振ったりして困っているという悩みの相談を受けたことはほとんどない。

どういう人間が力を出せるのか

青学陸上部の４年間で力を伸ばし、才能を開花する選手のなかには、スカウトする時点から高く評価される者もいれば、大した活躍はしておらず、ボーダーラインで入部してくる者もいる。

いずれにしても、頭角《とうかく》を現わす選手の特徴を見ていて思うのは、その選手の根底にある生い立ち、ライフストーリーである。

たとえば、負けたくないという強い思いが生い立ちのどこかのタイミングで心に刻まれている子は強い。あるいは、子どもの頃に親からきちんと躾けられた子は、よっぽどのことがない限り悪さはしない。そう考えると、ジュニア期の躾は非常に大切だと改めて思う。

私自身も小学校1年生のときの体験が、陸上競技にのめり込む大きな動機となったことは間違いない。海に転落して足を骨折し、ちょうど小学校に入学してしばらくの間、走れないどころか、松葉杖をついて歩いた時期があった。だから、走ることに対して強い欲求があり、ハングリーだったと思う。ジュニアの頃から何でも欲しいものが与えられる環境にいたら、ハングリー精神が育たないのではないだろうか。

それから、何かを成し遂げたときに誉められた経験も重要だ。賞讃されること自体も大きな喜びになるが、ほんとうに喜んでくれる人がいるということも勇気の源泉になる。小中学校の運動会や体育祭に親兄弟が駆けつけてくれたり、授業参観日に見学に来てくれたりすると、本人がやる気を出すだけでなく、親に対する感謝の念も持つ。「お金は出すが後はおまえの好きにやれ」というのはやはり教育放棄だと思う。

ムダな努力を積み上げていくことで、子どもは成長していくのである。

私が青学陸上部監督に就任して２０１６年で13年目になるが、就任後７～８年まではチームの成長と個人の成長がリンクして、ともに成長を遂げてきた。チームのレベルも入ってくる選手のレベルもそれほど高くないので、切磋琢磨するなかで選手のレベルが上がり、チームのレベルも上がっていった。たとえば、箱根駅伝で初めてシード権を取ったとき、アンカーは一般受験で５千メートル15分30秒で入学した理工学部の鈴木惇司《すずきあつし》（現マルハニチロ勤務）だった。

ところが、その後、強い選手がたくさん入ってくるようになったため、１年の時点ですでに大きな能力差が出て、能力が低い選手がチーム内で浮いてしまうという問題が生じるようになった。

青学の場合、ABCDと能力別に4つのグループに分けて、それぞれのグループで異なる設定タイムを決めてトレーニングをしているが、Dの設定タイムにも付いていけない子はなかなかチームに入り込めない。仕舞いには精神的にも肉体的にも疲れ切って、付いていくのは無理だという話になっていく。チームが強くなりすぎたため、一般入試の学生が活躍する余地はなくなってしまったのだ。

だから、ほとんどが特別スポーツ推薦枠で入ってくる学生たちだが、1年の時点ではボーダーラインぎりぎりでも、在学中にグングン伸びる子もいる。

たとえば、14分37秒で入学した下田裕太は8人の枠のビリケツで入ってきた選手である。私自身もスカウト時点ではそれほど期待していなかったが、入学してからは、とにかく元気がよくフリージョグのペースが速いこと、体が丈夫でめったに故障しないことなどから、「こいつ、いつか芽が出るな」と思わせる部分があった。もう少し時間がかかると思っていたが、わずか1年でブレイクしてしまった。

2012年の箱根駅伝で2区区間賞で激走した出岐雄大もそうだ。初マラソンで2時間10分2秒の好タイムを出し、ユニバーシアードハーフマラソン日本代表にも選ばれた選手だが、高校生だった頃、夏のインターハイを見に行ったとき、「これはダメだ」と思ったことがある。しかし、その時点ではすでにＯＫの返事をしていたので、採らざるをえなかった。

1年の関東インカレでは、3千メートル障害に出場して予選落ちしている。高校時代にやっていたというので出場させたが、背が高くないので障害物競走のように飛んだり跳ねたりする競技には向いていないのだ。

ところが、夏合宿を過ぎてから「ありゃ、こいつ強いんかなあ」と考えを改め出した。そして、3年のとき箱根駅伝に出場して2区で区間賞を取ったとき、「うわあ、こいつ強いや」と実感したのである。

出岐の場合には、芯《しん》の強さがある一方で、固定観念に囚《とら》われない自由さもあった。高校2年ぐらいから陸上を始めたので、「陸上とは何ぞや」という固定観念がない。だから、他チームのエースがどんな選手かといったことにも無頓着で、自分の力を十二分に発揮することができたのである。

選手の力と可能性を見る

鍛えあげれば伸びる人間と伸びない人間は、だいたいわかる。まったく予想外の飛躍を見せる選手もなかにはいるが、基本的には「こいつは伸びるだろうな」と思う選手が予想どおり伸びている。

もちろんタイムトライアルで記録を出す選手は伸びる可能性が大きいが、他にポイントがあるとすれば、その選手の持っている輝きだと思う。人間としての生命力を感じるかどうか、ということだ。それから、青学陸上部の目標である箱根駅伝に出たいという強い意志があるかどうかも大きなポイントだ。

青学がトップクラスのチームになってからは、陸上部に入ってくる選手たちもそれなりの覚悟を持ってくる選手が多くなった。逆に言えば、組織がしっかりりできていて、本気で陸上をやりたいという覚悟を持って入ってくる選手が多いからこそ、トップクラスのチームが成り立つのだとも言える。

先日、千葉県内の中学校の先生が青学陸上部の練習を見学に来た。その先生は体育の教員で、野球部の監督だったが、校内から足の速い生徒を集めて選抜チームをつくり、千葉県の駅伝大会の予選会に出場するとのことだった。それで、どんな練習をしたらよいか、私に教えを請いに来たのだ。

その先生といろいろと話をした後、「ところで、いい選手がいますか」と聞いたら、3千メートルで8分50秒を出す子がいるという。

原「ちょっと待ってください。8分50言うたら、中学生の全国ランキングで上位に来ますよ。50番ぐらいには入るんじゃないですか」

先生「いや、速いんです」

原「ほんとですか、そのタイム。公認ですか」

先生「いや、非公認です。ぼくがタイムを測っています」

原「合っていますかね、ほんとに。一周間違ってませんか」

先生「ぼくが測っていますから合っていると思いますよ」

原「それはぜひ陸上を続けさせてください。その子は何部ですか」

先生「バスケット部です！」

その話を聞いて、私はすぐにつきあいのある千葉県の高校の指導者に電話を入れた。私が「非公認だけど8分50で走るというから、これは面白いと思うよ」と伝えると、向こうも乗り気で「さっそく電話を入れてみます」と言っていた。

いい選手は、こうした縁、つまり人との出会いで発掘される。千葉県は広いだけでなく人口も多いので、駅伝大会となると数百人の選手のなかに埋もれてしまう。何か縁がなかったら、陸上界に足を踏み入れず、そのままバスケットを楽しんで終わってしまうかもしれない。

この選手の場合は担当の先生が私を訪ね、私が知り合いの指導者に連絡した縁で、将来、陸上界で活躍する可能性が開けた。これが人生の面白さである。この子が高校で陸上に目覚め、青学に来たりしたら、それこそ運命を感じてしまうだろう。

水泳と違って、陸上をする人間はずっと陸上部に所属する必要はない。小中学校の時代にサッカーや野球などで身体能力を高めていれば、高校ぐらいで転向しても一流の選手になる可能性が十分にある。ＯＢの出岐などはまさしくその典型的な事例だ。

専門種目を超えたアドバイス

話はまたまた脱線するが、先日、ある大会に遠征した際、投擲《とうてき》の選手を連れていた知り合いのコーチとばったり会った。その選手は体軀《たいく》ががっしりしており、実業団のランキングで全国6位相当に付けていた。その選手を一目見てピンと来た私が第一声で「おっ、相撲取りになれ、相撲取りに」と言ったら、彼はキョトンとしていた。

投擲で6位に入賞しても日本ではまったく注目されず、埋もれてしまう。それよりも彼の身体能力を活かして相撲取りになったほうがよい。相撲取りであれば、幕内に上がるだけで全国的な知名度を得るし、十分な報酬ももらえる。投擲選手とは比べものにならないくらい、条件がいい。

ましてや、横綱、大関、関脇の三役になったら、国民的なヒーローである。

原「今からでも遅くない。オレが紹介するから相撲取りになれ、相撲取りに。ごっつぁんです、の世界だよ。おまえ、尻出すのイヤか？（笑）」

選手「いや、尻は酔っ払ったら、いつも出してますけど（笑）」

原「だったら、相撲やれよ。儲かるぞ〜。お金もらえていいじゃないか」

別れ際に、彼がポツリと言った。

選手「そういう柔軟な発想も大切ですね」

この間は、インターハイの関東ブロック予選大会にスカウトに行ってきたが、箱根駅伝の中継やスポーツ番組だけでなく、ずいぶんとバラエティ番組にも出演したせいか、私の顔を知っている高校生たちが「監督、写メ撮らせてください」と寄ってきた。また、選手の父母や大会関係者からも声をかけてもらい、楽しく交流することができた。

そのときに、「写真、撮らせてください」と言ってきたひとりの女子選手の体格があまりによくて、私の第六感にピンと来たのである。それで、「君、何をしているの」と聞いたら、やはり投擲系の競技だったので、その場で、速攻で言い渡した。

「君、女子ラグビーやれよ。オリンピックに出られるよ。体がいいし、走れそうだから、女子ラグビーで東京オリンピックをめざせ」

このときは相撲ではなく、女子ラグビーが思い浮かんだ。インターハイに出ても大した活躍もせずに終わってしまうだろうが、女子ラグビーであれば日本のトップを極められるかもしれない。やはり、その子はキョトンとしていたが、これも縁というものである。

ずいぶん脱線したが、その選手の能力を見極めて、専門種目を超えて適性をアドバイスするのも指導者の重要な役割のひとつだと思う。こうしたことも、選手ひとりひとりの個を大切にすることではないか。

能力があるのにチャンスに巡り合わない、あるいはチャレンジの機会に恵まれない選手もたくさんいると思う。相撲取りや女子ラグビーを最初から志す者などめったにいないわけだから、指導者が能力を見抜いて助言しなければ、その競技をやるか否か、検討することすらないだろう。

そういう縁をどうやってつくるか、出会いをどうやって引き寄せるか。

私が投擲の選手に「相撲取りをやったらどうか」と声をかけたり、高校生の女子選手に「女子ラグビーをやらないか」と声をかけたりしたのは、彼や彼女が自分の専門種目で頑張っていたからだ。一生懸命に打ち込んでいたから、千載一遇《せんざいいちぐう》の機会に声がかかるのであって、才能を感じなければ、私はそもそも声をかけたりしない。

青学陸上部OBの大谷遼太郎《おおたにりょうたろう》は卒業後、トヨタ紡織に就職したが3年で退社し、今はトライアスロンの選手として東京オリンピック出場に向けて研鑽《けんさん》を積んでいる。

退社する頃、私のところに相談に来て「トライアスロンをやろうと思うのですが、どうでしょうか」と尋ねるから、私は「おお、いいんじゃない。おまえに合っとるよ」とふたつ返事で賛成した。

「おまえは体が強いし、体を動かすのが好きだから。ランも当然行けるし、水泳は小学校のときに県代表だったんだろ。バイクは、故障したとき自転車を利用して練習していたし、いけるんじゃない。その代わり、覚悟を持ってやらな、ダメだよ」

大谷はマラソンにトライしても、日本代表になる確率は99・99パーセント芽がないが、トライアスロンであれば日本代表になる可能性があると思う。

2016年に出場した最初の競技会で大谷は上位に入り、強化選手としてノミネートされた。その後、大阪で開かれた大会では自転車で転倒してリタイアしたが、まだまだこれからである。４年後が楽しみな選手のひとりだ。

辞めるという選手をどう引き留めるか

選手が陸上部を辞めると言ってきた場合、どうやって引き留めるか。

久保田和真の場合、私と１対１で話し合い、思いとどまらせたことはすでに述べた。

大事なのは、何が原因かをはっきりさせることだ。辞めたいと思った原因がわからないまま、「辞めるな」「陸上部に留まれ」と言っても仕方がない。その選手が心底から陸上が嫌いになったのか、故障が続いてチームに迷惑をかけることへの罪悪感からか、あるいはチーム内の人間関係のもつれなのか、その原因を探らないと判断ができない。

原因がわかった場合は、その原因となった問題を解決すればいいが、わからない場合は私の嗅覚で、ここは突き放したほうがいいと感じたときは「別に辞めても構わないよ。君がおらんでも困らんから」というような言い方をすることもある。また、

「じゃあ、あと3カ月頑張ってみなよ。3カ月なら辛抱できるでしょう。それでダメなら、ひと区切り付けたほうがいいかもしれない」と言って、期限を設けて留まるように促すときもある。

久保田の場合は「おまえを頼りにしているんだ」「走れても走れなくても、おまえがいること自体がチームにとって財産なんだ」というメッセージを伝えたかった。

久保田は、自分は即戦力だから走れない自分に価値はないとシビアに考え、追い詰められていた。だから、「結果が出なくても君には価値がある」という私の言葉を聞いて、ホッと安心したようだ。

期限を設けて努力しても結果が出ない選手の場合、退部することもあるし、マネージャーへコンバートすることもある。

退部する選手には私からきちんとメッセージを伝える。

第一に、青学陸上部で過ごした時間がムダではなかったこと。第二に、ここで学んだことを他の場面でも、就職してからも活用してほしいということ。第三に、青学陸上部を嫌いにならないでほしいということ。最後に、退部した後もひとりのファンとして青学陸上部を応援してほしいということである。

「自分がやりたいと思うことに集中し、輝いてほしい。君がまた違う分野で活躍することで、われわれも勇気をもらえるから。時間がたくさんあるからといってムダにせず、学生の本分を忘れるなよ」

選手からマネージャーに転身する場合、自分から「マネージャーをやらせてください」と言ってくることもあるし、こちらから誘導することもある。最近は交代でマネージャーをしているので、私の方から鈴を付けないとなかなか踏ん切りがつかないのが実情だ。

結果的にマネージャーになったほうが、自らも輝いてよかったと言ってくれる部員のほうが多い。問題は持って行き方で、本人に納得感を持たせないとマネージャーになってからの成長もないので、自分で道を選択したという形を作っていきたいと思っている。

選手どうしの人間関係をどう維持するか

50人の選手がいると、全員が必ずしも仲良しになるわけではない。部員の間での人間関係の軋轢《あつれき》を知ったときにどう対処するか。

私がよくやるのは、みんなの前で「おい、君たちは仲が悪そうやなぁ。たまには口をきけよ（笑）」とあえてオープンに言うことだ。

みんなの面前で言うわけだから、みんながアハハと笑うし、「監督、ヤバいっすよ。シーッですよ（笑）」などと野次が飛ぶ。そんなときは「いいじゃないか、言ったたって。だって、仲が悪いんだろ（笑）」と返して、さらに笑いを取る。

そもそも人間には好き嫌いがあるのが当たり前であって、重要なのは重く受け止めないことだ。だから、みんなの前で軽く受け流すのがいい。ふたりを呼んで注意したりすると関係が余計にギクシャクし、重くなるのでやらない。こればかりは、注意したからといって、お互いに好きになるものではないのだから。逆に、腫《は》れものに触るみたいに扱うのも却《かえ》ってよくないから、しない。

新入生が入ってきたときも、最初にガツンと言ったりはしない。そういうことをすると、心を開かなくなるからだ。

私がいつもやるのは、問いかけである。

「君たちは同じ学年の仲間たちとこれから4年間、どのようにつきあっていくつもりか」

「同じチームのメンバーとして、目標である箱根駅伝優勝に向かってどう突き進んでいくのか」

「君自身はひとりの部員として4年間でどう成長していきたいと思っているのか」

こういった問いかけをして、ひとりひとりに考えさせるのが私流である。

指導者へのアドバイス

指導者も人間だから、もちろん好不調の波がある。私の経験からすると、指導者がスランプに陥るのはやはり目標を達成した後である。事実私もその一人である。

目標を達成すると、今度は次なる目標に挑戦せねばならず、しんどさがつのる。努力を積み重ねたからこそ目標が達成できたわけだが、またその上をめざすわけだから、「あのしんどい積み重ねをまたしなければならないのか」と思うと息が詰まることがある。

とくにいったん優勝してトップに立ったら、当然ながら内外から連覇、3連覇の期待がかかる。初めての優勝は勢いで取れることもあるが、連覇、3連覇はまさに実力しだいだから、力を維持して結果を出すのは実にしんどいことだ。

私は精神的にしんどくなると、率先して異業種との交流をする。相撲やプロ野球など種目が違うスポーツ界だけでなく、ITや金融などのビジネス界でも、俳優やお笑いなどの芸能界でもいい。どの業界でも頑張っている人たちと交流し、意見交換して勇気をもらうというわけだ。

どの分野でもやはり頂点を極めた人たちというのは、「へえ〜」と思うような何かを持っている。しかも、包容力のある人が多く、私の話に共感し、ときには愚痴《ぐち》を聞いてくれたりもする。とくにベンチャー企業の創業者たちは業界の既成概念を打破して勝ち上がった人たちなので、魅力のある人が多い。

とくにGMOインターネット株式会社の熊谷正寿《くまがいまさとし》代表からはさまざまな人生観につ

いてアドバイスをいただき、お会いするたびに活力をいただいている。この場を借りて、お礼を申し上げたい。

あるいは、中小企業の経営者も妻と二人三脚で10〜20人の社員を使って会社を切り盛りしているケースが多いが、私も監督として50人ほどの部員たちの組織を切り盛りしているという点で、中小企業のオッサン（経営者）みたいなものだ。だから、中小企業の経営者にも共感するところが多い。

たとえば、通信販売会社ジャパネットたかたの名物社長だった高田《たかた》明《あきら》さんとは、新入社員の研修会に講師として呼ばれたご縁でおつきあいが始まり、ラジオで対談したり、箱根駅伝の2度目の優勝パーティーでも挨拶をしていただいた。長崎県佐世保《させぼ》市の街のカメラ店から叩き上げで日本一になった人だから、話す内容にも含蓄《がんちく》がある。

さまざまな挫折《ざせつ》を乗り越えてきたところも共感するが、妻と二人三脚でやってきたところが私たち夫婦と同じで、高田前社長には会うたびに「奥さんを大切にしなさいよ」と念押しされている。

青学陸上部監督としてのこの13年間の経験から、部活の指導者や会社組織のリーダーの皆さまにアドバイスがあるとすれば、ひとつは枝葉末節の部分で語らないことである。ふたつめは、核となるものを探し出すこと。そして、その核について議論し合うことだ。

たとえば、コーチングスタッフどうし、あるいは選手どうしでも、いくら枝葉末節について「ここが悪い、あそこが悪い」と言い合ったところで、組織は変わらない。もっと本質的な核となる何かをキャッチして、その核と真っ向勝負をする。その際には変化球ではなく、直球で勝負するのがいいと思う。なぜなら、真っ向勝負をすれば、熱い応援団が必ず出てくるからだ。

また、100人の組織で100人に、10人の組織で10人に好かれ、賛同を得ようとすると土壺《どつぼ》にはまる。というのは、AさんにもBさんにもCさんにも好かれようと思うと、行動にブレが生じ、却って誰からも支持されなくなるからだ。3割の人に好かれればいいという気持ちでぶち当たっていくのがいいと思う。

私が最初に青学の監督に就任した頃、正直にいって、ほとんど味方はいなかったが、ステップアップするごとに応援団が増え、今に至っている。

第5章　勝ち続ける組織

勝ち続ける条件を整える

一回だけなら、勢いで勝つこともある。しかし、勝ち続けるとなると、それなりの組織ができていないと厳しい。

意外に思われるかもしれないが、勝ち続ける秘密を探っていくと、人間の欲というところに関係するのではないかと私は考えている。

箱根駅伝への出場、そして優勝をめざして青学の陸上部の強化に取り組むというときに、考えられるひとつの方法はヒト・モノ・カネの惜しみない投入である。多額の資金を準備して優秀な監督と優秀なコーチングスタッフを揃え、上げ膳据え膳でチームを強くするという選択肢もあっただろう。しかし、ヒト・モノ・カネが最初から揃っているというのは、実はあまり好ましくないのではないかと私は思っている。

青学陸上部の場合、そういう物量作戦の対極とも言える、身の丈に合った方法で強化に取り組んできた。

最初の目標は箱根駅伝出場であるから、その目標を実現するために必要な制度やインフラなど最低限の条件を大学側に揃えてもらった。そして、その目標をクリアした時点で、今度は箱根駅伝優勝に向けて必要な条件を揃えてもらい、優勝を遂げた暁《あかつき》には今度はトップチームに見合う条件を整えてもらう。要するに、段階を踏まえてステップアップしてきたわけだ。

その経験から言うと、やはり身の丈に合った分相応の、ちょっと手を伸ばせば届くところの欲を繰り返し与えることによって、チームは強くなり、勝ち続けていくのではないかと思うのだ。

なぜなら、人間の欲というものは限りなく、無限大だからだ。あまりに大きなものを初めから与えられてしまうと、逆に勝ち続けることは難しくなるような気がする。

だから、箱根駅伝の連覇を果たし、学生チャンピオンになった今、青学陸上部の次の目標はおそらく3連覇ではありえない。世界を相手にどう戦うかが目標となるから、その目標を実現するための条件を整えなければならない。

その第一歩がフィジカルトレーニングの強化であった。中野ジェームズ修一さんをフィジカルトレーナーに招き、コアトレーニングやストレッチ、ウォーミングアップなどの補強トレーニングを洗練したものにグレードアップする取り組みを進めている。

では、それはとてもいいことだから、箱根駅伝出場をめざしていた頃から採り入れるべきだったかというと、そうではないと思う。やはり、それぞれの段階でそのステージにふさわしい方法やスタイルがあり、ステージが上がるごとに変わっていくというほうがいいと私は考えている。

トップが代わっても揺らがない組織とは

強い組織のポイントのひとつは、上司と部下の信頼関係にあるが、とくにトップは本質的なところでブレないことが肝心だ。

枝葉末節の事柄であれば朝令暮改《ちょうれいぼかい》でも構わないが、本質的なところの変更を余儀なくされたときは、「オレの戦略ミスだ。申し訳ない」と自分が間違っていたことを素直に謝るべきだろう。上司・部下の関係においても、信頼関係を維持するためには、謝るべきところは謝るという姿勢が必要だと思う。

私自身はまだ、本質的な事柄を変更して選手たちに謝ったことはないが、選手たちがトラブルを引き起こしたときに責任を取って「私の教育が悪かったです。申し訳ない」と謝ったことはある。

ワンマン社長が君臨する企業の場合、社長が辣腕《らつわん》を振るっている間は好調でも、社長が亡くなったりリタイアしたりすると途端に衰退する事例が見られる。企業にかぎらず、トップが代わっても勢いが衰えない組織づくりが求められている。

青学陸上部の場合、しっかりとした組織づくりを進めてきているので、監督である私がいなくなっても、しばらくは強い組織が続くと思われる。

ただ、組織と言っても大学生たちの集まりであるし、そもそも論で言うならば、人間というのは堕落《だらく》する動物であり、怠《なま》けたくなる生き物である。だから、楽なほうへ楽なほうへと向かうのは必然で、そこでの歯止めがどうしても必要になる。

では、その歯止めとは何かと言ったら、何か特別なもの、魔法や特効薬や秘伝の媚《び》薬《やく》のようなものではまったくなくて、いわゆるホウレンソウ、つまり報告・連絡・相談だと思う。ホウレンソウを常に徹底していかないと人間が怠けてしまう。そもそもサボりたい生き物であるから、サボらないように歯止めをかけていかねばならない。

青学陸上部で言うと、故障して足が痛む場合、監督には報告がしづらいため、もっと言いやすいコーチや先輩に言いたがるものだ。しかし、監督にあまり伝えたくない嫌な相談ほど、逸《いち》早く監督に伝えるべきなのだ。それはどんな組織にも言えることだと思う。

結局、言いたくないことは後回しにするわけだが、これを突き詰めていけば人間の欲の問題である。選手たちは怠けたいし、楽なほうに逃げたいのであるから、私たち指導者がそれをきちんとガードしていくことが大切になってくる。

繰り返すと、話しにくい相談、言いたくないことほど、早くリーダーに伝えるべし、というのが強い組織を維持するための鉄則である。

青学の陸上部でもそうなりがちだが、その動向を早めにキャッチして、「それはこういう理由でダメだよ」ということを選手たちに伝えなければならない。

たとえば、ケガした場合であれば、ルール上は監督でなくコーチに報告してもいいが、最終的には監督である私に報告が上がってこないといけない。そこの意思の疎通が重要で、青学チームは50人程度の組織であるから、ケガなどの大事な事案については私に直接、報告するのが基本だろう。

痴話《ちわ》げんかのような本質的でない枝葉末節の事案については、当事者である選手どうしで、あるいは先輩やキャプテンを交えた学生間で、あるいはコーチングスタッフも入れて話し合って解決すればいいことだ。何でもかんでも監督に頼るというのは、自主性を損なうので逆に避けるべきである。

私の側からすれば、本質的なことと枝葉末節のこととの分別を選手たちにきちんと理解させなければいけないし、選手たちからすれば、その分別を理解して私たちに相談しなければならないということになると思う。

その分別がうまくできない場合は、どんなささいなことでも報告・連絡・相談するという基本に立つべきだ。ホウレンソウをやっているうちに、「この程度のことは自分たちで考えて解決しよう」とか「これはとにかく監督に知らせよう」という判断ができてくるのではないか。

ただし、何度も述べるように、人間は甘えがちな動物であるから、言いにくいことを言わなければならないにもかかわらず、言わない方向に流れてしまう。だから、そこのところを嗅覚で嗅ぎ取って、どう歯止めをつくっていくかが勝ち続けるための秘《ひ》訣《けつ》のひとつではないだろうか。

チームの状態を逐次把握する

青学の陸上部ではずっとチームの成長と選手個々の成長が並行していたが、8年目ぐらいから強い選手がたくさん入ってくるようになり、チームと選手個人の成長にズレが生じるようになったことはすでに述べた。

中《ちゅう》の中《ちゅう》のチームを育てるときには、「右向け右」で個々の要望をあえて聞き入れず、全員が一丸となって突き進むことが有効である。ひとりひとりの要望を聞き入れることによって組織に停滞が生じたりマイナス面が出たりするので、個々の要望はあえて無視する。

しかし、チームが中の中にレベルアップした段階で、もうひとつ上のランクに上げるためには、今度は個々の能力を尊重していかないとチームが成長していかない。

一例を挙げると、久保田が「練習メニューを変えたい」と申し出てきたのにＯＫを出した。このことが象徴するように、青学の陸上部は「みんなで強くなる」から「個に応じて強くなる」にシフトしつつある。

この組織の成長に伴う全体と個の問題に絡んで、駅伝チームの育成とマラソンランナーの育成の違いについても触れておきたい。

駅伝は、たとえば箱根駅伝の10区間中9区間において選手たちがほぼ完璧に走っても、ひとりが脱水症状や腹痛などのトラブルを引き起こして中途で失速したら、それだけで転げ落ちてしまうわけだ。だから、どうしてもチーム全体のレベルを上げ、強くしていかねばならない。

シード権を取るぐらいのレベルだったら、全体の力を上げることで十分だが、これが箱根駅伝の優勝となると、それだけでは無理なのだ。だから、中の中のチームにレベルアップできたら、選手個々の考えを尊重して対応していかないと上のチームへとさらにレベルアップするのは難しくなる。

一方、マラソンは選手個人の育成なので、中の中レベルでトレーニングするだけでは並みの選手に育てられはしても、オリンピック代表の選考に絡むことはできない。

だから、選手個人のわがままを聞きつつ、個別のメニューを用意して実力を引き上げていかねばならないわけだ。

だから、駅伝チームを育成するのとマラソン選手を育てるのでは、コンセプト自体がまったく違ったものになる。

青学陸上部の場合、強い選手が揃うようになったので、これまで同様に箱根駅伝での優勝を目標にしつつも、マラソンやトラック競技で世界をめざす個々の選手の欲を満たしてあげるために、前述したように条件整備を始めている。2014年からコーチングスタッフを入れたのをはじめ、合宿でのトレーナーをひとりからふたり体制に拡充し、フィジカルトレーナーも4〜5人帯同するようになった。

夏合宿の改革も進めている。2015年夏までは1次合宿だけでなく2次の選抜合宿にも、故障者をのぞくほぼ全員を連れて行っていたが、2016年夏からは2次合宿と3次合宿には選抜した選手のみを連れて行くようになった。

中の中のチームをめざしていた頃に、力の差が明確ではないにもかかわらず、無理してAチームとBチームに分けて、Aチームのみを対象にした選抜合宿をやっていたら、却って組織としての成長が望めなかったに違いない。しかし、今は選抜した選手のみの合宿が必要であり、そのほうが効果的である段階に至っている。

常勝軍団をつくる近道もある

弱小チームだった青学陸上部の組織づくりを始め、箱根駅伝出場を果たし、優勝に絡めるチームにし、初優勝、連覇とステップアップしてきたわけだが、やはりトップクラスのチームに育て上げるまでには10年かかっている。

もっと短期間で強いチームを育成する近道がないのかと聞かれたら、近道はある。監督がチームを一方的に牛耳《ぎゅうじ》り、監督の意向に選手たちが絶対服従する上意下達《じょういかたつ》の組織をつくるほうが時間的には早いと思う。ただ、そのカリスマ監督が急死したりリタイアしたりしたら、そのチームは一気に失速するだろう。

最近、思うのは国づくりの原理もまったく同じではないかということだ。まだ発展途上にある国は独裁者が権力を掌握《しょうあく》して上意下達で指示を出したほうが国の発展は早い。

日本も例外ではない。明治維新後、欧米の列強に追いつき追い越すために帝国として天皇の名の下に富国強兵《ふこくきょうへい》を進めざるをえなかった。やはり、短期間で発展を遂げるためには、強力な指導者が必要になるということではないか。しかし、その指導者が急死したり失脚したりすると国力が一気に落ちる危険性が拭えない。

一方、経済的な発展を遂げて先進国の仲間入りをすると国民の自己主張も強くなり、今度は自主性を尊重せざるをえなくなる。この場合、話し合って政策を決めていくので、国力が一気に落ちることはない。

つまり、国家が発展していくうえでも、段階に応じて条件が変わってくるということだ。だから、国家の発展を5年スパンで考えるか、あるいは100年スパンで考えるかという尺度によっても、選択すべき体制が違ってくるのだと思う。

監督の独裁によって組織づくりを進めたほうが近道であるのに、なぜ選手たちの自主性を尊重する回り道を選択したのかと問われれば、それは当たり前であるが、青学の陸上部が大学教育の一環として行なわれている部活動であるからだ。

そうである以上、大学スポーツには、スポーツを通して社会に貢献する人材を育てるという大義があるのだ。だから、監督の意のままに操って、選手たちをモルモットのように育てることは非教育的であり、大義に反するのである。

青学陸上部の場合、箱根駅伝という教育ツールを活用して、選手たちを育成しているのであり、やはり独裁的な指導スタイルではダメだと私は考えている。

組織は進化する

組織をつくるうえで大切なことは、議論をすることだ。Ａという意見とＢという意見があったら、とことん話し合って結論を出せばいい。

私も監督に就任した頃は、ＡかＢかの選択を選手たちに迫っていた。まだ組織としての目標も着地点も定まっておらず、選手もバラバラだった頃の話だ。選手それぞれの目標や将来的な着地点も定まっていなかったので、「おまえ、どうするつもりだ。Ａなのか、Ｂなのか、はっきりしろ」と選択を迫っていたところがある。

しかし、チームが成長して、選手が一丸となって箱根駅伝優勝に向けて頑張ろうという目標を持ち、自分の将来的な着地点も明確にできるようになった頃から、徐々にグレーゾーンを設けるようになった。AかBかという選択を迫らない領域を広げたのである。

だから、全体として方向は定まっているけれども、個々の角度は同じでなくてもいい。今の青学陸上部は、それぞれが自分の意見をどんどん言い合い、そのなかでお互いが着地点を探しながら前に進んでいるという組織に育ってきている。つまり、組織も成長過程、成熟度によって変わってくるということだろう。

選手たちに活発な議論をさせる場合、指導者の姿勢が鍵になる。これだけは譲れないという一線は持たねばならないが、「自由に議論しなさい」「好きに話していいよ」と言いながら、話した途端に「おまえ、何をつまらんこと言っとるんか」などと叱り飛ばしたら、選手は以後、黙ってしまうだろう。

だから、指導者は自分の意に染まない発言があっても我慢しなければならない。指導者がどこまで我慢できるか、その忍耐力が問われているのだと思う。

我慢して選手たちの議論を聞いていると、若くて柔らかい頭脳を持っているので、ユニークなアイデアや柔軟な発想が次々に出てくる。そのなかには、チームにとってプラスとなるものも多い。

ただ、組織の方向性についての判断は、やはり指導者がしていかなければならない。判断しようにも判断するためのネタがなければできないわけだから、日頃から選手たちがどんどん意見を出し、議論し合うような雰囲気づくりをしていく必要がある。

私は監督に就任してからの12年余りを振り返って、組織の進化には４つのステージがあると考えている。

ステージ１は、監督が部員に知識や技術を細かく教え込む段階で、就任３年目までがその時期だった。ステージ２は、監督が学年長に指示し、学年長から部員に指示が伝えられる段階である。

組織ができ上がっていくと、監督は方向性を与えるだけで、選手たちが自主的に考え、行動するステージ３に移行する。そして、ステージ４になると組織は成熟した段階を迎え、監督はサポーター的な役割に回るとともに、コーチングという指導法が効果を発揮する。

青学陸上部は10年余りかけて、組織としてはステージ4の段階にある。

では、これからどうしたらよいのか。ステージ4のレベルを維持することに努めるべきか、あるいはステージ5という未知のステージをめざすべきなのか。

組織論に完璧などなく、現段階で解答があるわけではない。しかし、私の直感からすると、やはりステージ5を追い求めていかねばならないような気がする。つまり、未知との遭遇である。

その答えをどうやって追い求めていくかという点について、私が今、考えているのは、一見ムダだと思えることをムダと思わずにやり続けることだ。

「これは非効率で、ムダだからやめよう」と言って排除していったら、何も新しいものは生まれてこない。日頃のささいなことでも、ムダをムダと思わずにやり切っていくことから、新しいアイデアやチャンスが生まれてくるのではないか。今は、そこに突破口があるような気がしている。

俗っぽい例になるが、任天堂のポケモンGOが世界的にヒットしている。スマホを使い、あちこち歩き回って楽しむまったく新しいゲームである。あんなゲームが現われるなんて、誰も思っていなかったが、ＩＴと連動することによって生まれたのである。

時代の移り変わりとともに人間も社会もどんどん変わっていくので、組織づくりもその時代に合ったやり方を採り入れていかねばならないのだろう。

私がよく使う言葉で言えば、「きょうの常識はあすの非常識」なのだ。

ステージ１に止《とど》まる陸上界

私が青春を陸上に捧《ささ》げた母校・世羅高校のある広島県世羅郡世羅町は駅伝のふるさとであり、駅伝の神様が宿る町である。

その町で私が経験したのは、まさに「虎の穴」の世界であった。虎の穴とは、プロレスを題材にした梶原一騎《かじわらいっき》原作の人気マンガ「タイガーマスク」で、選手たちが地獄の特訓を受ける秘密の地下組織のことだ。

当時の高校の陸上部では、選手たちから不要な情報を遮断《しゃだん》するため、「人としゃべるな」「テレビを見るな」といった厳命が下り、「水を飲むな」と言われて水分も自由に補給できない状態で練習に明け暮れていた。

その時代は、それでよかったのである。非常に苦しい練習だったが、その時代の最先端のやり方であった。

当時はまだ黒電話しかなく、父親が出るか母親が出るか、誰が出るかわからない彼女の家に電話をかけて彼女を呼び出した時代である。

ところが、今はひとりひとりがスマホを持っていて、誰でも彼でもいつでもどこでも世界中の情報がすぐに手に入る時代になっている。だから、箱根駅伝の○区をどこの大学は誰が走るかといった情報についても、選手たちが監督よりも早くスマホでキャッチして知っているのが現実だ。

だから、昔のように情報を遮断し、監督の意のままに選手を操るやり方が現実にまったくそぐわないことは一目瞭然《いちもくりょうぜん》である。

結局、世の中があって陸上界があるのであって、陸上界があって世の中があるわけではないのだから、そこのところを取り違えてはとんでもないことになる。

私が高校生だった当時、虎の穴のような環境で練習をやったことは決してムダではなかった。少なくとも、あのやり方は今の時代では通用しないという比較対象あるいは反面教師として、今の組織づくりに役立っている。

　ちなみに、私の母校である世羅高校の陸上部も、現在は昔とはまったく違う指導方法を採っている。私のひとつ先輩だった岩本真弥《いわもとしんや》が監督を務めており、今の時代に合った指導で、２０１５年12月の全国高校駅伝競走大会で男子が連覇。女子も優勝を果たし、男女アベック優勝という快挙を成し遂げている。

　当時の指導法の意味や背景を理解せずに、表面的な方法論だけを真似して指導している若い指導者が見受けられるが、これはよくないことだ。あの時代に一流の指導者たちがなぜ、どういう指導をしたのか、なぜ今の時代にはダメなのかを理解して、指導に当たるべきなのだ。

　今の陸上界を見て残念なのは、あの30年前の指導方法が今も通用すると考えている指導者が大勢いることだ。私のステージ理論からすれば、いまだにステージ１の段階に止まっているのだ。言ってみれば、失われた30年である。

　その結果、育成は手詰まりで、スーパースターの出現を待つしかないという神頼みの状況に追い込まれているのが実情だろう。

ファーストペンギンになれ

私が3割理論と呼んでいる考え方がある。理論と言っても、別に根拠があるわけではないが、サラリーマン時代から何となく嗅覚で全体の3割に目を付けてきた。何かことを起こす場合、100パーセント、10割の支持を得ることはありえない。そもそも、私は「人間は信用ならん生き物だ」と思ってきたし、自分自身もポリシーのない、虫のいい、八方美人のダメ男だと辛《から》く評価してきたので、10割の支持などとても考えられない。

5割はどうかというと、半数の人の支持を受けるためには、やはり大勢《たいせい》に迎合《げいごう》しなければいけないところが出てくる。迎合すれば半数の人から賛同を得ることができるかもしれないが、自分の信念を貫けないためにポイントがボケてくると思う。ポイントがボケてしまうと、今度は目標を達成することが難しくなる。

では、3割ならどうだろうか。3割なら、自分の信念を貫き通しながら、賛同も得られる可能性が出てくるかもしれない。

一方、1割しか支持を得られないとなると、それは単に私のわがままでしかなくなってしまうだろう。

そう考えてくると、だいたい全体の3割を目安に理解を得つつ、自分の信念を通して物事を成し遂げていくというのがベストのように思われる。それが、私の3割理論である。

この実践論とは関係ないが、やはり自分の経験知から、チームの故障者も3割理論で考えている。

青学陸上部はトップチームだから、ハードな練習の副作用としてどうしても故障者が付きものになる。ただ、ここ数年はチームとして成熟期を迎え、選手それぞれがアフターケアをしっかりしているだけでなく、フィジカルトレーナーに指導を受けたり、合宿にトレーナーを帯同したりもしているので、1軍については故障者が1割未満に止まっているのが実情だ。

この故障者の比率が3割を超えてきたとき、やはり練習の内容やスケジューリング、試合と練習との関係性や組織のあり方などに問題があると考えたほうがよいというのが、故障者についての3割理論である。そして、故障者が3割を超えてきたときは監督である私の責任だと思っている。

3割理論とともに私が持論にしているのが「ファーストペンギンになれ」という哲学である。選手たちにも常日頃からそう言っている。

たくさんのペンギンが群がっている南極の氷山で、最初に崖下の海に飛び込む勇気を持ったペンギンがファーストペンギンである。

人間たるもの、この世に生を受けた以上は、何か新しいものを生み出していかなければならないと思うのだ。そして、生み出した新しいものが理解を得るためには、やはりそれなりの理屈が必要だ。

最初に飛び込めば、敵も出てくるだろうし、やっかみもあるだろう。でも、それでも飛び込む勇気を持ち、理論武装をする。精神的にもタフでなければ続かないし、能力的にも柔軟な発想や論理的な思考ができなければいけない。

確かに、金魚のフンのように決められたルールに従って、命じられるままに動くほうが楽に決まっている。しかし、私の性格上、それはイヤなのだ。そうではなくて、白紙のキャンバスにデッサンしていく。

そういう覚悟を持って、人生を生きていきたいと常々、思っているところである。

勝ち続ける組織の極意

強い組織が勝ち続けるには、どうしたらよいのか。

この究極の問いに対する私の答えは、われながら地味である。「当たり前のことを当たり前にやっていくこと」。これしかないだろう。

準備とこだわりという当たり前のことをやり続けること。細かいことを言い続けること。それが私流の勝ち続ける組織の極意である。

象徴的だったのが、2015年の全日本大学駅伝に負けた後の対処だ。青学陸上部は猛練習をしたのか。ノーである。では、門限を早め、生活を整えたのか。ノーである。そんなことは一切やっていない。前述したように、選手たちに「準備とこだわり。当たり前のことを当たり前にやろう」と訴え、確認しただけである。

あとは、大義をもって、ぶれない覚悟で突き進んでいくこと。

その組織に「何のために、誰のために」という大義があれば、何も問題はない。私はサラリーマン時代からずっと、何か事を起こすにあたって必ず大義を掲げてきた。

箱根駅伝優勝をめざしたときの大義は、「陸上界の勢力図を変えよう」であった。そして、初優勝を果たし、連覇をめざしたときの大義は「陸上界の常識を変えよう」であった。今は引き続き、この大義の下に動いている。

2017年正月の箱根駅伝では3連覇がかかっている。もちろん勝負は時の運で、何が起こるかはやってみないとわからないが、選手たちが当たり前のことを当たり前にやってくれれば勝てない道理がない。

「箱根駅伝、視界良好」である。

後述するように、私は箱根駅伝の全国化を訴えているが、これも単なる思いつき、自分のエゴで言っているのではない。陸上界の発展と地域の再生、ふるさと創生につながるという大義の下にやろうとしているのであって、大義がなければやらない。

今のままでも十分に国民的な人気を博しているし、そのままにしておくほうが楽に決まっている。しかし、10年先、20年先を見据えたときに、箱根駅伝を全国化することが必ず陸上界の発展につながるという思いがあるからこそ、あえて主張しているのだ。

その背景には、東京一極集中が進むことによって、このままでは日本全体が沈下するのではないかという強い危機感がある。

そうしたなかで、ささやかな取り組みかもしれないが、箱根駅伝全国化は地域再生にきっと役に立つはずである。

終章　陸上界を変える！　ハッピー大作戦

リオでのマラソン惨敗

オリンピックのクライマックスを飾る最大のイベントが、42・195キロを駆け抜けるマラソンである。

1964年東京オリンピックのマラソンで、優勝したエチオピアのアベベ・ビキラや銅メダルを獲得した円谷幸吉《つぶらやこうきち》は、いまだに伝説のヒーローとして日本人の心のなかに生き続けている。

2016年リオオリンピックのマラソンは、蒸し暑く雨のなかでのタフなレースとなった。優勝したのはケニアのエリウド・キプチョゲ（2時間8分44秒）、2位もアフリカ勢でエチオピアのフェイサ・リレサ（2時間9分54秒）であった。

日本勢のトップは旭化成の佐々木悟《ささきさとる》で16位（2時間13分57秒）、ホンダの石川末廣《いしかわすえひろ》が36位（2時間17分8秒）、大会前の故障が響いた安川電機の北島寿典《きたじまひさのり》は94位（2時間25分11秒）に止まった。

一方、他の種目を見ると、日本のお家芸である柔道は金メダル3、銀メダル1、銅メダル8と男女全階級で12個のメダルを獲得して完全復活したのをはじめ、体操でも男子団体総合で3大会ぶりに金メダルを奪還《だっかん》した。水泳でもエースの萩野公介《はぎのこうすけ》が400メートル個人メドレーで金メダル、金藤理絵《かねとうりえ》が200メートル平泳ぎで金メダルを取るなど9個のメダルを獲得。レスリングでも女子58キロ級の伊調馨《いちょうかおり》が女子個人種目で史上初の4連覇を達成するなど合計7個のメダルを奪取し、リオに向けて地道に積み上げてきた強化策を見事に花開かせたのである。

また、陸上競技でも短距離走では、セイコーの山縣亮太《やまがたりょうた》、ミズノの飯塚翔太《いいづかしょうた》、東洋大学の桐生祥秀《きりゅうよしひで》、ドームのケンブリッジ飛鳥《あすか》アントニオによる男子400メートルリレーで、ウサイン・ボルトを擁するジャマイカに次ぐ銀メダルを獲得。ひとりも100メートル10秒を切っていないにもかかわらず、絶妙なバトンリレーによって世界歴代3位の37秒60を記録した快走は世界をアッと驚かせた。また、100、200、リレー3種目でいずれも3連覇の偉業を達成したボルトは、日本チームに心からの喝采《かっさい》を送ってくれた。

全体では10の競技で金12、銀8、銅21の合計で史上最多の41個のメダルを獲得し、4年後の東京オリンピックへと弾みを付けるなかで、ひとりマラソンだけが今回もまた惨敗に終わったのである。

リオでのマラソン惨敗について「これが今の日本の実力だ」とか「陸連が選手を仕切るわけにはいかない」などというコメントが出されたが、つまりは敗北を選手個人の責任にしているわけだ。組織として反省し、責任を取るという姿勢がまったく見られない。これでは、東京オリンピックでのマラソン復活も期待薄と言わざるをえない。

ラグビー日本代表の元監督で、現イングランド監督のエディ・ジョーンズは、それまでとはまったく違うアプローチで日本のラグビー強化に取り組み、2015年ラグビーW杯で強豪の南アフリカやサモアを破る日本の快進撃を支えた。

ラグビーと長距離の強化方法はほぼ一緒である。ラグビーも、基本は実業団に選手を所属させ、実業団対抗で戦うことで強化している。このなかから日本代表を選抜していたが、これまでは日本代表チームとしては年に数回しか合宿をしていなかった。

これでは世界で戦うのは無理だと判断したジョーンズ元ヘッドコーチは、それぞれの所属企業に頭を下げて、W杯前120日におよぶ長期合宿でチーム・ジャパンを鍛えあげた。その結果、弱小だったラグビー日本代表が世界の強豪と互角に戦えるところまでレベルアップしたのである。

リオオリンピックでの7人制ラグビーの躍進も、その延長線上にあった。日本代表は3位決定戦で南アフリカに敗れて4位に止まったものの、ニュージーランドやケニアなどの強豪を撃破し、東京オリンピックに希望をつないだ。

長距離走も、基本は実業団に選手を所属させ、実業団対抗で駅伝を戦うことで強化を進めている。駅伝で勝てば企業のPRになるということで、企業が資金を投じて駅伝チームを育成しているのだ。

ぜひ、ジョーンズ監督のチャレンジを見習うべきだ。

中長距離・マラソン部責任者はいったい誰を強化しているのか

2016年2月28日に開催された東京マラソンでは、箱根駅伝の8区区間賞で2年の下田裕太が10代日本最高記録の2時間11分34秒で10位（日本勢2位）、2区3位で3年の一色恭志が11位（日本勢3位）に入り、いずれも初マラソンでリオオリンピックの選考対象に食い込んだ。

私がオリンピックの選考担当であれば、下田と一色のどちらかをリオのマラソン代表に入れていたと思う。

リオのマラソン代表の選考をめぐっては、陸連が設定した派遣設定基準である2時間6分30秒を誰も破れなかった。したがって代表選手選考要項に従えば、誰もオリンピックに派遣できない事態になったのだ。

だから、選考要項をいったん白紙に戻し、東京オリンピックに向けて若手を育成するという条項を入れるべきだったと思う。後出しジャンケンになるかもしれないが、それぐらいの危機感を持って臨まないと、長距離界の低迷を破る流れはできなかったということだ。

もちろん、下田や一色をリオに出しても結果はそう変わらなかったかもしれないが、出しておけば、東京オリンピックにつながる一歩になったと思う。

さらに言えば、ケガが治っておらず、スタートラインに立つべきではない状態の選手を出場させたことについて中・長距離マラソン部責任者の責任は重い。補欠制度を外したことも不可解で、首を傾《かし》げるばかりだ。

　代表選考レースについて、そもそもの考え方を改めなければならないのではないか。ペースメーカーを付けるのは止めたほうがいいと思う。オリンピックというのは場所によっても気候によってもコンディショニングがまったく異なるので、マラソンで勝つ決め手はタイムではなく、勝負強さである。だから、選考レースにペースメーカーなど付けるべきではない。

　記録を狙うなら、海外で行なわれるペースメーカーがついた招待レースのような大会へ派遣すればいい。選考レースやオリンピックという舞台は強い選手を決める順位争いだから違うコンセプトで臨まないといけない。

　日本国内でも日体大の記録会とか世田谷の記録会とか全国各地で記録会をやっているが、記録会の本来の目的はあくまで大会に出場するために制限タイムをクリアする競技会であって、強さを競う大会ではない。にもかかわらず、記録会と大会がゴッチャになっている傾向が強い。速いだけの選手ではなく強い選手になるよう育成するためには、そこのメカニズムを変える必要がある。大会のコンセプトに応じてペースメーカーの必要性の有無を考えるべきではないだろうか。

2016年夏、陸連主導で強化選手たちの合宿が海外で行なわれた。この合宿の費用の一部は陸連から資金が出ていると推定されるが、誰がどういう基準で選ばれたかが陸上界内にいる私にもさっぱりわからないブラックボックスになっている。

摩訶不思議なことは、東京マラソンで青学勢が日本人の2位と3位に入ったにもかかわらず、下田も一色も呼ばれなかったことだ。呼ばれないどころか、私のところに何の声もかからない。もちろん強化支援も何もない。少なくとも、私の常識では考えられない不可解な事態だ。「これっておかしくないですか。下田や一色を外して、いったい誰を強化しているのですか」「東京オリンピックに向けて一番大切な人材のひとりではないのですか」と陸連の中・長距離マラソン部責任者に強く訴えたいところだ。

最初は私がビッグマウスなので個人的に嫌われているのかと思っていたが、どうも関係者に話を聞くと、もともと陸連の体質がそうなっているようだ。おそらく強化費は実業団に流れ、大学には流れないしくみになっているのではないだろうか。

マラソン復活の機を逃した

　サッカーの日本代表監督であれば、強いチームやいい選手の情報があれば、試合を見に行き、選手や監督、コーチらと意見を交《か》わすだろう。

　ところが、日本の長距離界は「好きか嫌いか」「知り合いかそうでないか」といったなれ合いの中で運営している感が強い。青学が箱根駅伝で連覇し、完全優勝し、おまけに東京マラソンで青学勢が日本人で2位、3位を占めても、どのようなやり方でやっているのか、見学に来ることすらしない。これでは、日本の陸上界を発展させる気概があるのか、疑いを持たざるをえない。

　私が中国電力陸上競技部の選手をしていたときの監督だった坂口泰《さかぐちやすし》さんが陸連のマラソン部長をしていた頃、若手の指導者に選手の育成を託す方向に舵《かじ》を切ろうとしたと聞いている。しかし、その後、方針が変わった模様で、残念なことに組織の若返りは実現されなかった。日本長距離界の強化が後手にまわった失われた10年間だったと言わざるをえない。

　しかし、当時のマラソン指導者で坂口さん以外に指導実績のある指導者は他にいなかったはずだ。若手の指導者に舵を切らないのであれば、坂口さんのもと中長期視点に立って強化システムを考えていくべきだったのではないだろうか。坂口さんの指導体制から次なる体制に変わり何か変化があったのかといえば、強化方針は旧態依然とした内容で、リオオリンピックで惨敗という結果をもたらし、私の周りの陸上関係者からは、その責任は重いのではないかとの声が水面下で上がっている。

私は人格までも否定することはしない。しかし、重要ポストに就くのであれば、その責任者の結果責任は問わねばならないという持論だけは譲れない。また、私自身はもとより箱根駅伝に関わる多くの大学指導者は危機感と緊張感を持って指導にあたり、結果が伴わない場合にはそれなりの責任を負う覚悟でいる。思い切って大学指導者を代表監督として責任を持たせるのもひとつの案ではないだろうか。

ひとつの分岐点となった北京オリンピックのマラソン。マラソンの世界記録は飛躍的に伸びているが、夏のオリンピックの舞台では日本人には優位ではないかとささやかれていた。しかし、蓋をあけてみるとぶっちぎりで優勝したのはケニアのサムエル・ワンジルであった。ワンジルは、日本に留学して仙台育英学園高校からトヨタ自動車九州に進み、世界的に活躍したトップランナーだ。トヨタ自動車九州の監督森下《もりした》広一《こういち》君のもと育った和製ケニア人ランナーである。

北京オリンピック以降、若手指導者に舵を切るのか、坂口さん体制で行くのか、また高校・大学・実業団指導者との連携を深め、真剣に強化の議論の話し合いを進めるなどの戦略的な対応をしていくのか、10年間真剣に議論してこなかったツケが一気に噴き出してきた。今回のリオでの惨敗、4年後の東京オリンピックに向けて日本マラソン復活のシナリオが描けていないのが実態である。

日本のお家芸であったマラソンはどうなっているのか。なぜ惨敗したのか、どうすれば勝てるのか。その責任を明確にし、体制を立て直そうという意志を、陸連中長距離・マラソン部には持っていただきたいものだ。

ただ、北京オリンピック以降失われた10年間は大きく、今から再スタートしても東京オリンピックに間に合わせるのは非常に困難だろう。その次である2024年のオリンピックでのメダル獲得をめざして、8年計画で立て直しを図るべきである。

なぜここまで踏み込んで苦言を呈するのかと言うと、マラソンは多くの国民の皆さまから愛され期待されている競技種目だからだ。その期待に応える「覚悟と責任」を担当責任者には持ってもらいたいのである。

長距離界の何が問題なのか

リオでのマラソン惨敗について、敗因と責任の明確化が曖昧《あいまい》にされていると指摘したが、私に言わせれば、敗因ははっきりしている。

それは、世界の陸上界が日進月歩で変わっているのに、日本の長距離界だけ取り残されたように30年前と光景が変わっていないことに尽きる。

練習量と根性主義、コーチの指示を絶対とする旧態依然とした練習内容は30年間変わっていないし、準備体操や補強トレーニングもまったく変わらない。

そもそも、実業団を中心とした強化体制やしくみそのものが変わっていない。そうしたくびきを打ち破ろうと出てきた埼玉県職員の川内優輝《かわうちゆうき》や2012年のロンドンオリンピックでマラソンに出場した藤原新《ふじわらあらた》らが自分のチームをつくって挑戦しているが、陸連をはじめ実業団チームを主体とした旧来の組織は彼らを支援するどころか、足を引っ張っている始末である。

選手や指導者は個々に頑張っているが、組織レベルの体制ができていないために、危機的な状況に陥っているのが現状だ。

ここまで腐ってしまった以上、強化体制や組織、しくみを抜本的に改革していかないと、いわゆる「劇薬」を投与しないと日本の長距離界の復活は望めないだろう。たとえば、監督とヘッドコーチの役割がゴッチャになっている。ヘッドコーチは競技実績のある元選手を起用すればいいが、監督は陸上界にかぎらず、マネジメント能力にすぐれた人間を抜擢すべきだ。

また、大学指導者との連携は必要不可欠である。チームＪａｐａｎ一丸となっての取り組みが急がれる。

そこで、私は日本マラソン界復活へのシナリオを論文としてまとめ、問題提起することにした。現在、準備を進めているところだ。

駅伝を軸に陸上人気を高める

「駅伝がマラソンの弊害になっている」と指摘する人がいるが、それは間違っている。駅伝があるから実業団対抗に出場する企業のチームが存続でき、選手たちの受け皿になっているのだ。受け皿がなければ、選手たちは行き場を失う。

また、駅伝の人気が陸上競技ファンを獲得し、競技人口を支えているわけで、駅伝が沈滞すれば選手の受け皿が減り、競技人口が減り、結果的に競技レベルも下がるという負のスパイラルに陥ってしまう。

だから、駅伝は日本の長距離を強化するシステムに必要なだけでなく、陸上界の主軸になるべきであり、駅伝を無視してマラソンだけに特化しても「では、誰がスポンサーになってくれるのですか」ということになる。

「箱根駅伝は関東ローカルの駅伝にすぎない」という人が多いが、箱根駅伝は日本国内の長距離イベントでもっともメジャーで、社会的影響力の大きな大会だ。開催日には沿道に１００万人単位が集まり、テレビ中継の視聴率は26パーセント（２０１６年正月）に達するビッグイベントである。

また、長距離走の指標となっている5千メートル走で、高校生の全国ランキング100傑を見ると、実に9割以上が関東の大学に進学している。つまり、全国から集まった高校生のトップランナーたちが箱根駅伝に出場しているのである。高校を卒業してすぐに実業団に入るランナーはわずかにすぎない。

にもかかわらず、箱根駅伝は関東学生連盟の支配下にある。いわば関東学連の所有物になっており、日本全体の強化システムとのリンクがない。

18歳から22歳という一番伸び盛りの若者たちの育成を関東学連の指導者たちに任せて、陸連が指導もアドバイスもしない。関東学連のお楽しみ会になってはいけないのだ。

トップランナーが集まり、国民的人気の高い箱根駅伝を無視して、「箱根駅伝なんて陸上界と関係ない」という姿勢では、日本長距離界の発展はありえない。それくらい日本長距離界に対する影響力を持った大会になっていることを自覚しなければならないのだ。

だから、今後の方向性としては、選手の育成・強化だけでなく、指導者の指導力向上も含めて、箱根駅伝を主軸に日本長距離界のしくみづくりを進めていかなければならない。

ただし、今から改革しても東京オリンピックには間に合わない。なぜなら、組織をつくり、選手を強化するというのはそんな簡単なものではないからだ。青学の陸上部が箱根駅伝で優勝するまでに11年かかっている。スポーツはそんなに甘いものではないのだ。

とくに長距離は積み上げ算だから、いきなり化学反応を起こしてスーパースターが出てくるというものではない。にもかかわらず、スーパースターの出現を心待ちにしているというのが現状だ。

私の考えでは、4年後の東京オリンピックをステップにして、8年後のオリンピックでジャンプする、つまりマラソンや1万メートルでメダルを狙うというシナリオで体制をつくり、選手の育成・強化を進めるべきだ。

他の競技団体は東京オリンピックを見据えて着々と準備を進めている。柔道をはじめ、体操にしても水泳にしても、東京を見据えた強化育成計画によってリオで復活したのである。ひとり長距離だけが惨敗の憂き目を味わっているのは、日本長距離界が何もしてこなかったツケである。

では、本当に何も打つ手はないのであろうか？　人材不足なのだろうか？　この人の存在を忘れてはいけません。日本マラソン界の最後の切り札、かつての国民的ヒーロー瀬古利彦《せことしひこ》氏の存在を。瀬古氏を中心に日本マラソン界の復活を期待するのは私だけなのだろうか。

この書籍が店頭に並ぶ12月には陸連人事は発表されていることだろう。選ばれた責任者は「覚悟と責任」を持って東京オリンピックに向け準備を進めていただきたい。私も微力ながらできることがあれば、選手はもとより国民のハッピーな姿を夢見てお手伝いさせていただきます。

陸上界を変える！　ハッピー大作戦・1　箱根駅伝の全国化

日本の長距離界をどうやって蘇《よみがえ》らせるか。その戦略について私の提案をまとめ、論文にして発表しようという試みを進めている。ここでは私らしく「陸上界を変える！ ハッピー大作戦」と銘打って、現段階で考えていることについて中間報告をしておきたいと思う。

（1）箱根駅伝を１００回大会の機に全国化する

箱根駅伝の出場校を現在の20校から25校に増やし、地方大学も箱根予選会を勝ち抜けば出場させることのできるしくみに変える。当面は長く伝統を築き上げた関東学連にも配慮し、たとえば予選会で地方大学が７大学勝ち抜いたとしても、最大５大学のみとするといった制限を付加すべきだとも考える。２０１６年が92回大会だから２０２４年の１００回大会に向け、関東ローカルから全国大会にするための組織の再編成を進めるのだ。

今のままでも十分ではないかという声も聞こえてはくるが、私が考える箱根駅伝の全国化には、ふたつの大義がある。

ひとつは当然ながら、「陸上界の発展」である。野球やサッカーのようなメジャーなスポーツをめざして、若者を陸上界に引き寄せ、競技人口を拡大する契機にする。

ふたつめは、「ふるさと創生」である。地方からでも箱根駅伝に出場できるとなれば、小中学生のジュニアたちが奮《ふる》い立ち、その子たちを受け入れる陸上競技のスクールが全国各地に続々とできるはずだ。

青学の陸上部の4年生で佐賀白石高校出身の吉田伊吹マネージャーが卒業後の進路について就職相談に来た。彼が「東京で就職したいと思うが、監督はどう思うか」と聞くので、私は「地元に帰ったほうがいい」とアドバイスした。結局、彼は地元でもっとも人気のある佐賀銀行に就職が決まり、地元に帰る。

彼自身が指導者になってもいいし、銀行マンとして陸上競技のスクールを立ち上げたり支援したりしてもいいが、彼が地元に帰ったことで佐賀県の陸上界の底上げに寄与することは間違いない。そして、佐賀から箱根駅伝への出場をめざせばよいのである。

箱根駅伝に出場している選手の9割が地方出身で、卒業後も東京で就職する者が多く、私の勘で言うと半分以上が地元に帰っていない。だから、箱根駅伝に出場した選手が地元に帰り、地元で箱根駅伝に出場するチームの育成や陸上界の発展に取り組むという流れができたら、そのこと自体がふるさと創生事業になっていくと思う。

(2) 箱根駅伝のエンターテインメント性を高める

箱根駅伝はマラソンの強化に直結しないが、国民的な人気が高い。だから、競技人口を拡大するツールのひとつとして、エンターテインメント性を高めていく。そのためにスタート、ゴール、それに中継所に観客スタンドを設けたらどうか。

また、現在は往路でトップと10分以上の差がつくと復路で一斉スタートになるが、この時間差を延ばす。たとえば、2016年の場合、3分延ばして13分にすると一斉スタートが12校から6校に減る。こうすることで、シード権を獲得するために10位以内に入ろうとする熾烈《しれつ》な争いがわかりやすくなり、優勝争いとは別のシード権争いというもうひとつのドラマが観客の注目をより集めることになるだろう。

そして、監督が自ら給水ボトルを手渡しすることの復活を提言する。2015年から廃止されたが、監督の声かけや仕草に個性が出て面白いので、選手だけでなく観客のためにも復活させたい。

このほか、選手たちの襷掛けも自由にしたらどうか。襷がなびくと見る者に躍動感が伝わってくると思う。

（3）大学・実業団対抗駅伝を新設する

正月の箱根駅伝が終わると、10月の出雲駅伝まで駅伝は人々の脳裏から消える。話題を絶やさないために、3月に大きな大会を新設したらどうか。全日本実業団対抗駅伝競走大会（通称、ニューイヤー駅伝）の上位10チームと箱根駅伝のシード10チーム、それに高校生選抜1チームが駅伝日本一を競うことにすれば、箱根駅伝を超えるビッグイベントになるかもしれない。

陸上界を変える！　ハッピー大作戦・2　日本マラソンの復活

箱根駅伝の全国化を進めて陸上競技人口を増やすと同時に、日本マラソンを復活させるための組織づくりを進めていく必要があると思う。

（1）グレード制を導入する

最初に提言したいのが、グレード制の導入だ。

競馬を例に取ると、G1レース、G2レース、G3レース、秋の天皇賞、春の天皇賞などがあり、レースの重要度がはっきりしている。

一方、長距離走の場合、マラソンや駅伝の大会や競技会がたくさん開催されているが、われわれ陸上界人は別として、一般の人たちにはどれが重要な大会なのか、さっぱりわからない状態になっている。だから、1年間に行なわれる大会をグレード分けし、どの大会が重要な大会かを素人《しろうと》でもわかるようにするのだ。

陸連の主導で、この大会とこの大会がG1レースで、マラソンの日本代表になるためにはこの大会への出場を義務付けるといったグレード分けをしたらどうだろうか。

（2）ポイント制を新設する

そのためには、ポイント制を新設したらよい。

主要な試合の成績をポイント化して積算し、その選手が長距離界のランキングで何位に位置するかを明示する。記録と順位で数値化される長距離の場合、ポイント化は容易《たやす》いことだ。

たとえば、リオオリンピック銅メダルに輝いたテニスの錦織圭《にしこりけい》選手はオリンピックの時点で世界ランキング6位となっているように、世界のプロスポーツではランキングが当たり前になっている。それを、長距離走に導入するだけの話だ。

ポイント制に基づいて、年間ランキングを公表する。あるいは、もっと踏み込んでゴルフの賞金女王のように、そのポイントによって配分を決めてスポンサー収入を選手に直接付与し、強化費に充てるのもひとつの選択肢だ。

（3）指導者を選択できるしくみをつくる

実業団ではいまだに、退職して所属先を変える場合、チームから円満退部の押印《おういん》をいただかないと新しい所属先で実業団主催の大会に出られない。そればかりか新所属チームへのペナルティが科せられるしくみになっている。その結果、指導者との相性が悪くても他チームに容易に移籍できないのである。職業選択の自由があるのだから選手の移籍には寛容《かんよう》であるべきだし、選手が指導者を選択できるしくみをつくっていかないといけない。あえて駅伝の弊害をあげるのであれば、この点であろう。国内に目を向けるのではなく世界基準で物事を考えてもらいたい。

（4）駿足《しゅんそく》ジャパンを立ち上げる

日本陸連は2014年4月に、マラソンのナショナルチームを発足させ、陸連の強化委員会が指導に当たっているが、まだ道半ばである。

野球男子日本代表「サムライジャパン」やサッカー女子日本代表「なでしこジャパン」、競泳日本代表「トビウオジャパン」のように、長距離の日本代表を「駿足ジャパン（仮）」として、ナショナルチームをより強化していく必要がある。

駿足ジャパンには代表監督を設け、監督が全責任を負って目標と計画を立て、チーム・ジャパンとしてトップランナーたちを指導する。サッカーやラグビーなら、当たり前のことだ。

選手は所属している企業や大学から、陸連に出向する形を取ればよい。一流のトレーナーがフィジカル・トレーニングの指導をするほか、医師や栄養士などがチームをつくって選手たちをサポートする。

（5）既存の大会を改革する

箱根駅伝の全国化についてはすでに述べたが、実業団のニューイヤー駅伝の人気を高めるため、コースを変えたらどうか。

たとえば、徳川家康《とくがわいえやす》が総大将の東軍と石田三成《いしだみつなり》が指揮を執《と》った西軍が天下分け目の決戦をした岐阜県不破《ふわ》郡の関ヶ原《せきがはら》からスタートして京都に入り、大阪の御堂筋《みどうすじ》を通って、大阪城前でゴールする。このコースであれば、箱根駅伝のドラマ性に十分対抗できるはずだ。

また、東京オリンピックまでに完成する予定の新国立競技場で開催される日本選手権に、ＡＫＢ48や嵐などの人気グループも招いて、観客席を5万人の陸上ファンで埋め尽くすというのはどうか。大観衆の声援を受けて、出場選手たちは１２０パーセントのフルパワーで試合に臨むに違いない。

さらに、東京マラソンでは現在、最前列でスタートするエリート枠に入るためには2時間21分を切る公認記録が必要になっており、これでは初マラソンのトップランナーがエリート枠に入れない。このしくみを改善し、大学駅伝のスターたちが初マラソンに挑戦できるよう門戸を広げたらどうかというのが、私の提案である。

こうした改革を進めるには、陸上界の発展のために陸上界全体をコーディネートできる人材を結集していかねばならない。

明確な設計図を描いたうえで、長期的な計画を立てて、組織づくりに取り組む必要があるだろう。

おわりに

2016年秋の駅伝シーズンが始まる前、東京都町田市にある青学陸上部の寮に、NGT48・西村菜那子《にしむらななこ》さんが訪ねてきた。

駅伝フリークの西村さんと私との雑誌での対談だったが、西村さんが持参した私の著書『フツーの会社員だった僕が、青山学院大学を箱根駅伝優勝に導いた47の言葉』に山ほどの付箋が付けてあったのを見て、「おお、読んだんか」と新鮮な感動を覚えた。

また、日本生命から呼ばれて、社長や役員、幹部ら50人ほどを前に私の著書をテキストに講演したのだが、みな熱心に聞いてくれた。

夏の盛りには自民党の議員グループから呼ばれて、元内閣官房長官の細田博之《ほそだひろゆき》さんや参議院議長の伊達忠一《だてちゅういち》さん、リオオリンピックの日本選手団団長だった参議院議員の橋本聖子《はしもとせいこ》さんら政治家の先生を前に組織論について持論を説いた。大変貴重な機会をご用意していただいた関係各所の皆さまに感謝申し上げます。講演後に新人の議員さんたちから「うちは事務所を立ち上げたばかりですが、ステージ1からきちんとやらないといけないのですね」「強い組織をつくるためのヒントをいただきました」などの感想を聞くことができた。

２０１５年に初優勝して以後、バラエティ番組に出演したり雑誌で対談したり、全国各地で講演したりしてきた。さらに、芸能人から経営者、そして政治家まで、さまざまな分野の人たちと話をして、「組織論は、どの分野でも一緒やね」という思いを強くしている。

さて、リオオリンピックも史上最多の41個のメダルを獲得して幕を閉じ、いよいよ２０２０年の東京オリンピックに向けて、アスリートたちだけでなく、指導者や政府関係者も本格的に動き出した。

今が、チャンスである。

「箱根駅伝は関東ローカルの駅伝にすぎない」「駅伝はマラソンとまったく違う」という考え方を改め、日本マラソン界の復活に向けて今こそ動き出すべきときだ。その手始めとして箱根駅伝を全国区にし、マラソンと駅伝を含めた長距離界をどうするか、英知を結集して議論すべきだと思う。

青学勢では現役の下田裕太と一色恭志、ＯＢの神野大地、大谷遼太郎らが東京オリンピック日本代表をめざして4年間のステップアップに入る。

今のところ、陸連からは何の支援もないので、全国の青学ファンから大学に陸上部指定で寄付をしてもらい、大学のバックアップによって独自路線で選手たちのサポートをしていくつもりだ。

メダル獲得はハードルが高く、厳しいが、下田や一色には佐々木悟君と同レベルの実力があるので、東京オリンピックで8位入賞の可能性はあると思う。

というのも、リオで佐々木君が16位に入ったが、テレビ中継を見たかぎりでは8位の選手とそれほど実力が変わらなかったからだ。佐々木君は大東文化大学のＯＢで、学生時代から見ているが、学生時代の能力を比較した限りでは、下田や一色のほうが実力は上だと思う。

真夏の東京は猛暑になるから優勝タイムは遅く、2時間10分から11分台の争いになるだろう。とくに下田は暑さに強いから有利である。

そして、東京オリンピックで8位に入賞すれば、2024年のオリンピック（2017年9月に開催地が決定する予定）でメダルの期待が出てくる。

日本のお家芸である柔道やレスリング、体操や水泳に負けてはいられない。マラソンや長距離の復活に向けて、陸上界も新たなスタートを切るべき時を迎えている。

私も私なりのやり方で、陸上界の発展に微力ながら尽くしていきたいと決意を新たにする秋である。

「頼ってはダメなんだ、まずは自分自身の思いと力でこのチームを強くする」。13年前強く誓ったあの言葉を胸に、また新たなる伝説に向けて活動を開始します。

切りとり線

★読者のみなさまにお願い

この本をお読みになって、どんな感想をお持ちでしょうか。祥伝社のホームページから書評をお送りいただけたら、ありがたく存じます。今後の企画の参考にさせていただきます。また、次ページの原稿用紙を切り取り、左記まで郵送していただいても結構です。

お寄せいただいた書評は、ご了解のうえ新聞・雑誌などを通じて紹介させていただくこともあります。採用の場合は、特製図書カードを差しあげます。

なお、ご記入いただいたお名前、ご住所、ご連絡先等は、書評紹介の事前了解、謝礼のお届け以外の目的で利用することはありません。また、それらの情報を6カ月を越えて保管することもありません。

〒101-8701（お手紙は郵便番号だけで届きます）
祥伝社新書編集部
電話03（3265）2310

祥伝社ホームページ　http://www.shodensha.co.jp/bookreview/

★本書の購買動機（新聞名か雑誌名、あるいは○をつけてください）

＿＿＿＿新聞の広告を見て	＿＿＿＿誌の広告を見て	＿＿＿＿新聞の書評を見て	＿＿＿＿誌の書評を見て	書店で見かけて	知人のすすめで

★100字書評……勝ち続ける理由

名前

住所

年齢

職業

原 晋　はら・すすむ

青山学院大学陸上競技部監督。1967年、広島県三原市生まれ。広島・世羅高校では主将として全国高校駅伝準優勝。中京大では3年生の時、日本インカレ5000mで3位入賞。89年に中国電力陸上競技部1期生で入部、5年で選手生活を終え、サラリーマンに。実績を上げて「伝説の営業マン」と呼ばれる。チーム育成10年計画プランのプレゼンを買われて、2004年より現職。09年に33年ぶり箱根駅伝出場、15年に同校を箱根駅伝初優勝に導いた。そして、16年の箱根駅伝では連覇と39年ぶりの完全優勝を達成した。著書に、『逆転のメソッド』（祥伝社新書）、『フツーの会社員だった僕が、青山学院大学を箱根駅伝優勝に導いた47の言葉』（アスコム）など。

勝《か》ち続《つづ》ける理由《りゆう》

原《はら》 晋《すすむ》

2016年12月10日　初版第1刷発行
2017年1月25日　第3刷発行

発行者……………辻 浩明
発行所……………祥伝社しょうでんしゃ
〒101-8701　東京都千代田区神田神保町3-3
電話　03(3265)2081(販売部)
電話　03(3265)2310(編集部)
電話　03(3265)3622(業務部)
ホームページ　http://www.shodensha.co.jp/

装丁者……………盛川和洋
印刷所……………萩原印刷
製本所……………ナショナル製本

Printed in Japan　ISBN978-4-396-11491-6　C0275

〈祥伝社新書〉
スポーツ・ノンフィクション

412
逆転のメソッド
箱根駅伝連覇! ビジネスでの営業手法を応用したその指導法を紹介
箱根駅伝もビジネスも一緒です
青山学院大陸上競技部監督
原　晋

107
プロフェッショナル
プロの打撃、守備、走塁とは。具体的な技術論をエピソード豊富に展開
元・プロ野球選手、現・野球解説者
仁《に》志《し》敏《とし》久《ひさ》

293
プレミアリーグは、なぜ特別なのか
130年の歴史を持つイングランドのトップリーグ、その〝魔境〟のすべて
作家、翻訳家
東《ひがし》本《もと》貢《こう》司《じ》

354
組織《チーム》で生き残る選手　消える選手
なぜ、無名選手が生き残れたのか? 組織で生き抜く方法論を示唆《しさ》!
元・Jリーガー、現・横河武蔵野FC監督
吉田康弘

363
日本人は100メートル9秒台で走れるか
バイオメカニクスが解明した「理想の走り」とは
東京大学教授
深代千之